优秀教师的心理素质分析

Youxiu jiaoshi
Fanglüe congshu

王利群　本书编写组◎编著

Youxiu Jiaoshi de Xinlisuzhi fenxi

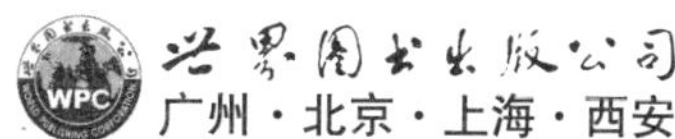

图书在版编目（CIP）数据

优秀教师的心理素质分析 /《优秀教师的心理素质分析》编写组编 . —广州 ：广东世界图书出版公司，2011. 4（2024.2 重印）

ISBN 978 - 7 - 5100 - 3437 - 4

Ⅰ. ①优… Ⅱ. ①优… Ⅲ. ①中小学 - 优秀教师 - 心理素质 - 研究 Ⅳ. ①G443

中国版本图书馆 CIP 数据核字（2011）第 058365 号

书　　名	优秀教师的心理素质分析 YOU XIU JIAO SHI DE XIN LI SU ZHI FEN XI
编　　者	《优秀教师的心理素质分析》编写组
责任编辑	冯彦庄
装帧设计	三棵树设计工作组
出版发行	世界图书出版有限公司　世界图书出版广东有限公司
地　　址	广州市海珠区新港西路大江冲 25 号
邮　　编	510300
电　　话	020-84452179
网　　址	http://www.gdst.com.cn
邮　　箱	wpc_gdst@163.com
经　　销	新华书店
印　　刷	唐山富达印务有限公司
开　　本	787mm × 1092mm　1/16
印　　张	12
字　　数	160 千字
版　　次	2011 年 4 月第 1 版　2024 年 2 月第 3 次印刷
国际书号	ISBN　978-7-5100-3437-4
定　　价	59.80 元

“优秀教师方略”丛书编委会

序　言

优秀教师何以成为优秀教师，优秀教师的成长有无规律可循？这是一个值得思考和关注的问题。

“优秀教师”这个概念，它和我们平时常常提及的“骨干教师”、“名师”或是“特级教师”并不尽相同。后三个概念更多的是以某种标准加以衡量而赋予教师的某种荣誉，表征的是教师某个发展阶段的状态。“优秀教师”倾向于从动态变化的教师成长过程中来解读，它意味着一个漫长而艰辛的成长过程，一个离不开成长期的默默付出，历经高原期的苦闷徘徊，从而达致成熟期的随心所欲的成长过程。

我们应该把优秀教师看作是一个发展性的概念。作为一个教师，要在事业上获得成功，首先要有强烈的事业心和责任感，要有崇高的奉献精神，要有坚定不移的意志品质，要有持续发展的信念，要有永不满足、不断学习、不断进取的精神。从发展的角度看，所有的教师都可以成为优秀教师。

当然，成为一个优秀教师不仅要有自己的主观条件，还要有客观条件的保证，从立志做优秀教师到成为优秀教师不是必然规律。优秀教师能及时抓住时代发展的机遇，并使机遇成为成长的契机。机遇对成功很重要，但教师的成功不是靠被动地等待，而是认真踏实地工作，通过“量”的积累，在及时把握机遇中达到“质”的飞跃，获得成功。

为使主客观条件达到最佳的组合，从而获得成功，今天的优秀教师，应该改变传统的“春蚕到死丝方尽，蜡炬成灰泪始干”的被动的、悲凉的形象，树立一种新的优秀教师成长观，即关注自身精神生命的成长，使得优秀教师的成长不再仅仅是为了一纸文凭或是生存技能的提高，而是为了自我的充实与完善，为了个体的幸福与愉悦，为了更有意义的生活。为这样的目的而努力的人，即称优秀。惟有如此，优秀教师才有可能真正地唤醒自己，同时也唤醒他所接触的人，才有可能创造自己更为美好、更有意义的生活，同时也创造他人更为幸福的生活。

我们应该相信，优秀教师的成长主要不是依靠天赋，而是后天的因素；后天因素对教师成长的影响程度依次为个人的努力、教学互动、专家引领、师傅指导、同伴互助和领导支持。

在成长过程中，尽管每个优秀教师的成长经历都不相同，具有浓厚的个性色彩。但是透过表层的个性因素，仍然可以从中概括出某些共同的要素，说明优秀教师的成长还是有规律可循的，能够提出优秀教师培养的方式方法的。

根据对优秀教师成长规律的总结，我们编写了这套“优秀教师方略”丛书，其特点是强调教师学习与培训的针对性、适用性和可接受性，期望能在教师艰辛的成长过程中助一臂之力，让他们少走一些弯路，减少个人摸索的无效劳动；让更多的教师通过不断的学习、反思、超越，成为“优秀教师”。

前　言

随着我国教育改革和素质教育的进一步深化，人们在重视学生心理素质培养的同时，也开始逐步认识到教师心理素质是直接影响学生心理发展的关键因素。教师的心理素质是教师在教育活动中表现出来的，决定教育教学效果，对学生身心发展有直接而显著影响的心理品质的总和。因此，要想成为一名优秀的教师，就必须具有良好的心理素质。

教师的心理素质直接影响着学生的发展，在面对社会的快速进步和知识的不断更新时，许多教师显露出不适应来，他们在传递科学文化知识时，仅仅停留在单纯的知识传授，而没能注重学生的成长和发展；对学生的影响仍然停留在育人的外在形式上，而没有转换到育人的本质内容上，即培养学生适应社会的能力。这种状况的存在，让我们感到提高教师心理素质的水平迫在眉睫。许多教育工作者都有了一个共识，那就是提高心理素质水平是成为优秀教师的前提条件之一。

优秀教师的心理素质，包含着广泛的内容，在总结前人研究成果的基础上，我们将优秀教师的心理素质划分为教师的认知素养、自我意识、情绪调控、人际交往、人格塑造和心理健康这几个方面，分章进行了相应的介绍。

具体地，本书在第一章对教师的素质和心理素质进行了概述性的介绍和说明，重点指出了教师心理素质的结构和优秀教师心理素质的重要意义。第二章从优秀教师必备的教育机智入手，指出了教师的感知能力对教育效果的重要作用，然后分别介绍了优秀教师如何培养自己的观察力、记忆力、思维能力等具体认知素质的培育手段。第三章揭示了教师自我意识的意义和作用，并针对教师自我意识的缺陷给出调适的办法，介绍了实现自我完善的途径。第四章就教师的情绪和情感问题进行了介绍，并且针对教师的情绪情感提出了调控的方法。第五章介绍了优秀教师与学校领导、同事和学生等对象进行人际交往中必备的心理素质，除了具体的交往方法外，还说明了教师如何进行人际交往中的自我形象塑造。第六章介绍了对学生成长有着巨大作用的教师人格，并分析了优秀教师如何进行人格塑造，特别地，还就创造性教师如何进行人格塑造进行了详细的讨论。第七章就教师的心理健康问题进行了讲解，指出了优秀教师要进行怎样的自我心理调适，并且呼吁学校、社会等各方面一起努力，共同来促进教师的心理健康。

我们衷心希望本书能够为提高教师的心理素质，帮助教师早日进入优秀之列出一分力。另外，由于编者水平有限，书中内容难免存在错误和瑕疵，还请专家读者不吝指正。

目　录

第一章　教师的素质与心理素质

教师的职业是一种特殊的职业，教师所扮演的社会角色具有多重性和复杂性的特点。教师角色的多重性决定了教师素质的多样性。教育工作是塑造完美个性的工作，教师的职业是用心灵去浇灌心灵的职业，教育工作的这一特殊性决定了教师具有良好心理素质的重要性。教师要深刻理解良好的心理素质在教师整体素质中的重要作用和意义，才能增强自我完善的主动性和自觉性。

第一节 素质与心理素质

一、素质的含义

现在，“素质”这个概念在学校教育活动和社会生活中被广泛使用。其实，“素质”最早作为一个专门术语，是指“事物的主要成分或质量”，即“事物本来的性质”。对素质的研究，理论界大多有狭义和广义之分。

狭义的素质是指有机体天生具有的某些解剖生理的特性，主要是神经系统——脑的特性、感觉器官及运动器官的特性，一般称为“遗传素质”。素质是人的身体、能力、个性，乃至整个心理活动形成与发展的自然前提和基础。但狭义的素质概念难以说明人发展的差异性原因，缺乏更广泛的教育上的适应性，而广义的素质概念可突破其局限，并具有教育学的意义。

我们在日常生活和教育活动中提及的素质和素质教育中的素质是指广义的素质，即个体由先天的遗传条件和后天的环境、教育的影响，通过个体自身的认识与社会实践，养成的稳定的并能长期影响人身心发展的基本品质和结构，也可称之为“素养”。素质是制约人的活动方式、水平和质量的内在因素。

二、素质的特征

素质是人的基本特质，是十分复杂的身心现象，其表现特征如下：

1. 潜在性

素质是人的潜能，是人的品质、才干形成及发挥作用的内在源泉。当我们说某人的素质好的时候，总是指这个人的品行、学习、活动、工作方面具有较大的潜在能量。

2. 整体性

人的素质是一个综合的整体结构，其构成要素之间是互相依存、互相渗透、互相制约和互相促进的，在实践活动中也往往表现出整体效应。

3. 稳定性

人的素质是一种内化了的、以某种机能系统或结构形式在个体身上固定下来的概括化的东西，在各种活动中经常表现出来。

4. 发展性

人的素质总是按照一定的规律逐步发展形成，随着社会经济发展、科技进步而不断发展着可变量，并从较低水平到较高水平不断扩展、深化和延伸。

5. 统一性

素质的诸多特点不是单一孤立存在的，而是具有辩证统一的特性，即遗传性与习惯性、内隐性与现实性、稳定性与变化性、个体性与整体性的辩证统一等。

三、心理素质

现在几乎每一种行业或职业都比较强调心理素质的重要作用。对运动员来说，比赛时的心理素质对比赛成绩很重要；对学生来说，考试时的心理素质对考试的结果很更要；对演讲者来说，临场的心理素质对演讲效果很重要；对演员来说，在观众面前表演时的心理素质对表演效果很重要，等等。

心理素质最初的含义是一种狭义的用法，专门指人的协调和平衡方面的机能。20 世纪 70 年代末和 80 年代初，“心理素质”首先在一些体育新闻和各类关于运动员比赛后评论以及心理训练方面的报纸杂志中出现，以后逐渐扩展到各类人才素质的培养和教育的文章中。

20 世纪 80 年代体育运动事业引起了人们的普遍关注，各种运动员比赛的结果和心理素质的关系引起了人们的思考和评价，运动员的自我控制力、自我把握力、适应环境的能力、应对心理应激的能力受到了人们的高度重视。后来，学生的心理健康状况引起了人们对学生心理素质问题的反思，学生的心理承受能力、抵御挫折的能力和应对环境压力的能力的培养引起了教育界和整个社会的关注。现在，教师的心理素质也成为人们关注的焦点。

对心理素质也可以作广义和狭义的理解。

广义的心理素质泛指人的各种心理活动的动能状况和水平，是教育要凝结在个体素质中的那些品质和机能。狭义的心理素质主要指人的个性品质，是人在先天遗传基础上和后天环境、教育及社会要求等因素影响下形成的稳定的心理倾向和心理发展水平的总和，是人身心发展的内在依据。一般来说，心理素质教育、心理健康教育、心理辅导中的心理素质是一个狭义的范围。

我们在谈到心理健康或心理潜能发挥时所说的心理素质，并不是泛指人的各种心理品质和特点，而主要是指个体内部的心理和行为的自我调控能力，它和人的天生的生理（尤其是高级神经系统功能）素质有关，也和后天环境影响有关。具体来说，心理素质是指个体在先天和后天的合力作用下所形成的一种调节自我内部心理和行为以及内部心理行为和外部环境关系的平衡机能。

四、健全的心理素质

美国心理学家斯考特关于心理素质的观点，对教师培养健全的心理素

质具有一定的使用性和指导性。他认为健全的心理素质应该包括以下几个方面：

1. 一般的适应能力

具有一定的适应性和灵活性，把握环境的能力，适应和对付变化多端的世界的能力，明确目标并完成目标的能力，成功的行为方式，顺利改变行为的能力。

2. 自我满足的能力

生殖和性的满足，适度满足个人的需要，对日常生活感兴趣，行为自然放松片刻的感觉。

3. 人际间各种角色的扮演

完成个人社会角色、行为与角色保持一致、社会关系的适应、行为受到社会的赞同、与他人相处的能力，参与社会活动、利用切合实际的帮助、适当把任务托付他人的能力，社会责任、工作和爱的能力。

4. 智慧能力

知觉的准确性，心理功能的有效性，认知的恰当性，机智与合理，接触现实与解决问题的能力，对人类经验广泛而深入的了解。

5. 对他人的积极态度

利他主义，关心他人，信任并喜欢他人，热情和与人亲密。

6. 具有一定的创造性

对社会有所贡献，具有主动精神。

7. 保持个人的自主性

情感的独立性与同一性，自力更生，保持一定的超然。

8. 发展上的完全成熟

个体的人生哲学形成，在相反的力量之间得以平衡、成熟而不是自相矛盾的动机，自我利用，具备把握冲动和能量以及冲突的综合能力，保持行为的一致性和成熟性。

9. 对自己的有利态度

自我控制感，任务完成的满足感，自我接受和认可、自尊，面对困难和要解决的问题充满信心，积极的自我形象，自由和自决感，摆脱自卑感，拥有幸福感。

10. 情绪与动机的控制。

把握焦虑的能力，道德、勇气、自制力、对抗紧张的能力，道义、良心、自我的力量，诚实，廉直。

第二节　教师的社会角色和职业特点

每个人在社会这个大舞台上都要扮演一个或多个角色，这种角色就是社会角色。在社会生活中，每个人都属于一定的团体，在团体里，每个人都有一种身份，处于某一位置，或分担一份责任。个人在团体里的身份与责任一经团体确认，就成为一种社会角色。

一、教师的社会角色

现代教师应扮演的社会角色不是单一的，而是多重的。根据现代社会和学生个体发展的需要，教师的职业角色至少应体现为以下六个方面：

1. 人类文化的传播者

教师要把人类社会所积累的生产劳动经验、科学知识，以及各种符合社会发展需要的思想观念和行为规范传授给学生，使他们能继承前人积累的知识和经验，延续社会的发展。因此，教师在人类文化的继承和发展中起着重要的桥梁作用。但是，作为现代教师，当前面临着一个怎样传授知识的问题。

过去，人们认为教师应该是一个知识库，是一部活的教科书。教师的任务就是把自己所掌握的知识传授给学生，要把自己桶里的水装到学生的碗里去，因此才有"要给学生一碗水，自己要有一桶水"的说法。但现代的学习理论告诉我们，今后的学习不会再停留在掌握现成知识的水平上，而是要掌握学习的方法，学会学习。从这个角度来看，教师应该做学生学习的指导者，而不只是灌输者。教师的主要任务应该是促进学生智力和创造力的发展，帮助学生掌握学习方法。

2. 学生灵魂的塑造者

教师不仅要教书，还要育人，也就是帮助学生学会做人。这是比教书更重要的任务。从人的社会化的角度来看，人的思想道德的社会化是非常重要的。知识没学好，以后可以补上，可如果没有形成良好的思想道德，没养成良好的生活习惯，弥补就很难了。完成这一任务，就要求教师掌握思想品德教育的基本理论与方法：一方面要具有高尚的思想境界和道德情操，处处做到以身作则；另一方面还要具备较强的德育工作能力和高超的教育艺术水平，能够在学生的思想进步和品德形成过程中起到重要的导向作用。

3. 集体活动的领导者

组织化是现代学校教育制度的一大特点，班集体是学校教育的基本单位和基本形式。学生的各种教育教学活动几乎都是按集体方式进行的。任何集体都有领导人，教师的地位、年龄、知识、经验和权利都决定了教师在学生集体中负有领导者的责任。教师的领导是为了保证教育教学活动的顺利而有效地进行。

在班集体的建设与发展过程中，教师负有组织和领导的责任，要执行既定的教育方针，要把握集体发展的目标与方向，要建立和完善班级中的组织机构，调动每个学生的积极性，帮助他们在集体活动中逐渐完成社会化的过程，促进他们个性的健全发展。为此，教师必须具备较强的组织能力和领导才能。

4. 学生家长的代理人

学生在校期间，教师就成了家长的代理人，行使对学生的监护权。对于学生来讲，尤其是小学低年级的学生，教师在担负对学生的教育、指导和关心、照顾等职责方面与家长有某些类似的地方。学生很自然地会把教师与父母联系在一起，把以前在家里对父母的期望、要求迁移到教师身

上。在某些方面，教师甚至可能比家长更让学生感到可亲、可敬，具有更大的权威性。因此，学生在校期间，教师不仅要对学生进行教育和管理，而且要照顾学生的生活，负责保护学生的安全和各项合法权益。因此，教师要有较强的责任感和义务感，要有足够的爱心和耐心，要从各方面去关心和照顾他们，要成为学生心目中最可信赖的人。

5. 学生的知心朋友

教师与学生的关系不仅是教育者与被教育者、领导者与被领导者的关系，而且应该是一种平等的互教互学的关系。

一个教师，如果真诚地尊重学生，平等地对待学生，发自内心地热爱学生，学生也会热爱教师、尊敬教师、亲近教师，那么，师生关系就会非常融洽，教师就会成为学生的知己和朋友。学生有什么心里话就会向教师倾诉，教师就会有针对性地做好学生的工作。因此，教师只有成为学生的知心朋友，才能有针对性地做好学生的工作，才能取得理想的教育、教学效果。

6. 心理健康的维护者

教师不仅要关心学生的身体健康，而且要重视学生的心理健康和心理卫生问题。随着现代社会对人才素质中心理素质的日益关注，学生的心理健康问题越来越受到广大教师和家长的重视。在学校教育的条件下，教师不仅要将心理教育渗透到学校各项日常工作之中去，而且还要为那些有心理困扰和心理障碍的学生提供及时、有效的指导与帮助。这就要求教师必须掌握有关心理健康和心理教育的理论与方法，成为一名合格的心理辅导员。

二、教师的职业特点

教师职业的特点可以归纳为以下几点：

1. 复杂性

教师工作的复杂性是由教师的工作对象和工作方式的特点决定的。

其一，教师的劳动对象是人，教师的工作任务是促进学生个性的健全发展。人是世界上最高级的生物，而人的心理则是世界上最复杂的一种事物。一方面，影响学生成长的因素是复杂多样的。另一方面，由于个别差异的普遍存在和主观能动性的作用，使得人的心理活动表现出明显的不确定性。学生的这种特点是决定教师工作复杂性的一个因素。

其二，教师劳动的特点决定了教师工作的复杂性。教师的劳动过程，是一种综合使用脑力和体力的劳动过程，并且主要是一种脑力劳动的过程。它的复杂性体现在三个方面：

第一方面，知识信息的传递和转换是教师劳动过程的主要手段，而知识的传递是一个信息重组的过程，即对知识重新进行加工、转换的复杂过程。这是一个非常复杂的脑力劳动过程。

第二方面，教师劳动的成果是无形的产品，对这种产品的生产过程很难用简单的检测方法进行有效的监控和及时的反馈，这对教师工作质量的自我评价和自我改进造成了一定的困难。

第三方面，教师劳动的效果不仅取决于教师自身的努力，而且取决于教育对象即学生的状态。如学生的学习积极性，学习的主动性、自觉性，对教师的态度等。也就是说，学生不仅是教育的对象，同时也是教育的主体。教师劳动对象的这种既是主体又是客体的双重性，使教师劳动具有特殊的复杂性。

2. 针对性

教师的工作是一种针对性极强的工作。教师工作的针对性也是由教师的工作对象和教育活动的特点决定的。其主要理由表现在三个方面：

第一，由于教师的工作对象具有普遍的差异，每个学生的需要、态度、能力、性格等方面都存在普遍差异，因此，教师的教育、教学工作必须考虑对象的特殊性，做到因人而异。

第二，每个学生都处在发展的过程中，他们的心理成熟水平、需要与动机、情绪与情感、思维方式与价值观念，都在不断地发展变化着，根据这一特点，要求教师工作的方式与方法也应该很好地适应学生的变化，在教育中要做到机动灵活，审时度势，因时制宜。

第三，由于教育对象和教育过程的复杂性和多变性，使得传统的教育、教学方法面临着实际效果的检验，因而需要教师不断地去探索教育教学规律，探索新的教育、教学方法，要求教师做创造性的工作。

3. 示范性

在决定教育效果的诸因素中，教育者的榜样示范作用是一个极为重要的因素。所以为人师表是教师必须具备的职业素养。具体说，教师职业示范性的基础主要是学生的模仿性和“向师性”。喜欢模仿是儿童、青少年的特点，他们喜欢模仿他们所尊重、信任甚至崇拜的人物，因此，教师很容易成为学生模仿的对象。学生这种模仿的倾向决定了教师的职业必须具有示范性。

第三节　现代教师的素质要求

教师特殊的社会角色和职业特点决定了教师必须具备过硬的素质。一个优秀教师应具备的素质包括很多方面，从适应教师角色要求这一角度来看，最主要的是要具备以下几项基本素质。

一、积极的工作态度

积极的工作态度包括敬业和爱生两方面：

1. 热爱教育事业

不论从事何种工作，要想干出点成绩来，都必须具备一项基本素质，那就是热爱自己所从事的工作。一个教师要想成为一名优秀的教师，首先要热爱自己所从事的教育事业，这是做好工作的前提。对一个教师来说，只有当他充分认识到教育工作在社会发展与进步中的重要作用和崇高地位时，他才能真切地感到自己所从事的工作是“太阳底下最荣耀的事业”。

同时，每一位选择了教师职业的人，都应该清醒地意识到，自己所从事的工作是一种无私奉献的工作。人们常常用李商隐的名言“春蚕到死丝方尽，蜡炬成灰泪始干”来形容教师的职业，这确实从一个侧面反映了教师职业辛勤耕耘、无私奉献的特点。如果不是一个淡泊名利、甘做人梯的人，是不可能在三尺讲台上奉献终生的。教师职业的崇高与神圣就是建立在这一基础上的。

2. 热爱和尊重学生

热爱自己的学生，是教师必须具备的基本职业素养。鲁迅先生说过

“教育是植根于爱的”。师爱是建立良好师生关系，从而使教育取得成功的前提和基础，学生只有“亲其师”，才能“信其道”。前苏联教育家苏霍姆林斯基说：“如果学生不愿意把自己的欢乐和痛苦告诉教师，不愿意与老师开诚相见，那么，谈论任何教育都总归是可笑的。”假如教师缺乏这种情感，从内心里就不愿与学生打交道，那么最明智的选择就是放弃教师这个职业。否则，感到痛苦的就不仅是教师本人，而且会包括众多无辜的学生。

尊重学生是热爱学生的具体表现之一，一个真正热爱学生的教师必然会对学生表现出应有的尊重。尊重学生是教育成功的前提，没有尊重就没有教育。

尊重学生是建立在正确人性观、师生观基础上的。尊重学生首先要承认学生是有独立人格的人，在人格上师生之间是完全平等的；其次要看到每个学生都是有自尊心的，都需要得到别人的尊重，能够满足他们的这一需要，就为在师生之间建立起相容的关系，奠定了良好的基础；第三要看到学生都有自我完善的愿望，都蕴藏着巨大的发展潜能，他们的每一点进步都要靠他们自己的努力才能实现。能够领悟到这些道理的教师自然会做到尊重学生。与此相反，那些不懂得尊重学生，动辄采用各种损伤学生自尊心的方法来对待学生的教师，是不配享有“教师”这一光荣称号的。

二、广博的学识

作为文化知识传授者的教师，本身必须掌握丰富的科学文化知识，这也是一种职业特点。教师主要应该具有以下几方面的知识：

1. 广博的科学文化知识

现代科学的发展趋势，是高度分化与高度综合相结合，通而不专或专而不通都不能适应现代科学发展的需要。当前文理科之间的融通，已成为高等教育发展的新趋势，作为从事基础教育的中小学教师，更需要掌握丰富的文化科学知识，才能胜任当前素质教育的要求。

2. 丰富的学科专业知识

教师全面掌握所任学科的基础知识和专业知识是完成教学任务的基本条件，也是合格教师必须具备的基本条件。

教师对本学科专业知识的掌握要有一定的广度和深度，要熟悉这门学科发展的历史和现状，了解本学科最新的科研成果和发展趋势，还要掌握本学科的研究方法，做到苏霍姆林斯基所说的“要让教学大纲和教材成为你最基本的知识”，“应使教科书成为你科学知识海洋中的一滴水”。只有达到这个程度，才能在教学中做到高屋建瓴、厚积薄发、深入浅出、左右逢源。

3. 系统的教育科学和心理科学知识

有人认为，只要有足够的专业知识就能做一个好教师。这是一个极大的误解。教师的工作不是已有知识的简单再生产，而是促进知识由外在形态向内在形态转化的复杂过程。要顺利完成这一过程，必须了解有关教育过程和教育对象的知识，掌握教育活动的规律。

在这方面必须掌握的知识主要有以下几方面：第一，关于学生身心发展规律的知识；第二，关于教育基本规律的知识；第三，关于教学法的知识；第四，关于班级集体建设与发展的规律和组织管理的原理与方法的知识。不掌握这些知识就去做教育工作，无异于盲人骑瞎马，不可能取得理想的效果。

三、全面的教育教学能力

关于教师应该具备的教育教学能力，有很多不同的标准和提法，此处列出几种必备的能力：

1. 全面、深入了解学生的能力

一名教师要想教好学生，就要全面、深入地了解学生，这是取得教育

成功的前提。要做到全面、深入地了解学生，就要具备敏锐的观察力和较强的思维能力。

教师敏锐的观察力是洞察学生内心世界、掌握学生心理活动特点，并以此为基础进行有针对性的教育的前提条件，是一个优秀教师必须具备的基本能力。许多优秀教师凭借敏锐的观察力及时发现了学生的一些细微变化，因而捕捉到了最佳的教育时机，取得了理想的教育效果。

思维能力是认识能力的核心要素，是决定一个人的理解能力的关键。教师要做到准确、深入地了解学生，就必须具有高水平的思维能力。在这方面比较重要的思维品质主要是思维的深刻性和辩证性，深刻性能使教师透过现象抓住本质，辩证性能使教师看到学生优点中的不足和缺点中的长处，从而对学生作出更符合实际的评价与判断。这是使教师能够做到全面、准确地了解和理解学生的重要基础。

2. 人际沟通能力

教师的基本工作方式就是通过人际沟通来开展教育、教学活动。因此，教师的人际沟通能力就是一种直接影响教育、教学效果的基本能力。人际沟通能力包括语言表达能力和运用非语言沟通手段的能力。

语言表达能力是指正确运用语言词汇传递信息的能力，语言在知识信息传递过程中起着决定性的作用。教师的语言一定要做到言之有物、言之有理、言之有据，同时又要做到清楚明白、连贯流畅、简明扼要、深入浅出。在使用语言的同时，还要善于运用语音、语调、语气等副语言来增强表达的效果。

非语言沟通通常是借助手势、体态、表情等非语言沟通方式来进行的。据国外专家研究，在人际沟通尤其是情绪、情感信息的传递中，非语言沟通方式所起的作用要远远超过语言本身的作用。教师在教育、教学过程中，应尽可能利用自己说话时的语气、语调、面部表情和体态语言来传递关注、关爱、理解和信任等积极的信息，从而增进教育的效果。

3. 教育诊断与指导能力

教育诊断是运用教育诊断和心理诊断的技术与方法对学生的发展状况

及存在的问题进行分析、评价，并找出解决问题方案的过程。教师只有具备这一能力，才能有效地帮助那些在学习、生活、交往、发展方面遇到困难的学生排除干扰、克服困难、解决问题，使他们在成长的道路上获得新的发展。教师要做到这一点，必须具备各种相关的知识，掌握基本的技术，比如教育诊断与评价的理论与方法、心理测试的原理与方法、心理辅导与咨询的理论与方法等。

4. 获取新信息的能力

当今的社会早已进入了信息时代，科学技术的发展一日千里，知识爆炸促进了学习化社会的到来。在这种情况下，要想靠在学校里学的那点东西吃一辈子已是根本不可能的了。再加上我们正处在改革开放的新时代，整个社会都处在迅速变化的过程中。教育要能够跟上社会迅猛发展的步伐，适应不断变化的环境，教师就必须不断学习，不断提高，要用最新的知识来充实自己的头脑，要用最新的观念来指导自己的行动。这就要求教师一定要有较强的进取意识和创新精神，要不断研究新问题，适应新情况。

四、良好的性格特征

在教师应具备的良好性格特征中，最重要的有以下几项：

1. 崇尚正义，坚持真理的坚定信念

这是对教师性格中理智特征的要求。教师作为社会文化的传递者和塑造学生完美人格的工程师，必须要有较强的正义感、理智和维护真理的坚定信念。这是因为，教师在课堂上传授给学生的不仅是知识，更重要的是探索真理、讲究科学、维护正义的精神。因此，教师在讲台上一定要有鲜明的科学态度和维护真理的坚定立场。

2. 积极热情、乐观稳定的情绪状态

教师的情绪状态是一种重要的教育因素，这是教师职业的一个显著特

点。教师的情绪应该保持一种积极热情、乐观稳定的状态，这就需要教师具有积极乐观的人生态度、开朗豁达的良好性格、对己对人的宽容精神。

当然，作为一个普通人，教师也会有自己的喜、怒、哀、乐，也会有生气、发怒的时候，关键是要让学生明白老师为什么会这样。正如苏霍姆林斯基所说："真正的教育者是一种情绪丰富的人，他同样强烈地感受着喜悦、忧愁、激动和愤怒。问题在于，要让儿童感到教师的这些人之常情当中，包含着正直、有道理。"教师与其他人不同的一个地方就是，教师的情绪会对学生造成直接的影响，因此，教师在表达自己的消极情绪时必须考虑到对学生的影响。

3. 坚忍不拔的毅力和持之以恒的坚持性

教师的工作中充满了矛盾和挫折，这是由教育对象和教育环境的复杂性决定的。因此，教师必须具备良好的意志品质，才能适应这一要求。比如有些教师在转化后进生时，常常要反反复复地做工作，要看到他们的差距，更要看到他们的被掩盖的积极因素，要容忍他们的反复，给他们充分的时间。在这过程中，教师不仅要有热心和爱心，还要能表现出极大的耐心和恒心，才可能取得最后的成功。

五、正确的角色认知与角色期待

角色认知是指对某一角色规范的了解与认识，角色期待指人们在角色认知的基础上所形成的对某一角色的期望和要求，通常包括外部期待和内部期待两种。我们这里所说的主要是教师的自我期待。自我期待是指教师基于对教师角色的正确理解而形成的一种理想化的自我形象和自我期望，正确的自我期待是教师自我完善的目标和动力，自我期待的水平越高，教师发展的水平也就越高。

比如一位立志要做一个教育家的教师，就会要求自己掌握系统的教育理论，深入开展教育科研活动，认真总结实践经验，不断实现感性到理性的升华。通过一个阶段的努力，他就能在教育理论水平和实践能力上达到一个新的高度。

教师的角色期待是规范教师行为的尺度，是指引教师教育实践航程的灯塔，只有先有正确的角色期待，才能有正确的教育行为。

第四节　教师心理素质的结构

心理素质作为素质结构中重要的组成部分，不仅影响着其他素质的形成与发展，也为人的整体素质发展奠定了重要基础。所以人们把心理素质视为核心的素质、第一素质或基础素质。心理素质是素质这个大系统中的一个子系统，也由多种心理因素构成。

教师的心理素质结构，一般体现了形成教师心理因素的各层面关系，反映教师职业心理素质的特征。随着科学技术的发展，高新技术不断介入教育教学过程，使得教学过程中的诸多要素在发生重组和置换，教师职业心理素质的内涵也随之在不断充实和变换。我们主要从教师职业素质中的角色适应素质和智能、情感、人格、品德等方面的智力与非智力素质来论述教师心理素质的构建。

一、角色适应素质

教师在绚烂多彩的人生大舞台上，扮演着重要的社会角色，并在同一时期内兼有多重角色或接受多种不同的角色期望。社会日益发展与变化，学校的功能亦随之复杂化和多样化。教师不可避免地要转换自己的角色，不断调整心理和行为方式，构筑良好的心理素质，以适应社会发展的需要。只有清楚的角色认知才能在社会情境中找准定位，恰当行事，做到与现实保持一致，达到良好的角色适应。

一般来说，教师充当这样六种角色：人类文化的传递者，学生灵魂的塑造者，班级活动的领导者，学生家长的代理人，学生的知心朋友，心理健康的维护者。这在前面已经进行过介绍，此处不再赘述。

教师在扮演多重角色中，往往会出现不适应或角色冲突，会给教师个人带来心理挫折感，引起不良心理反应，如自卑与退缩、失落与沮丧、恐惧与逃避、孤独与抑郁、浮躁与烦恼、紧张和焦虑、空虚与怠倦等。这对教师的心理健康影响较大，既可降低教师工作热情，也会影响教师积极性发挥。因此，提高教师角色适应的心理素质，加强教师角色心理的调适，有助于教师身心健康水平的提高，保证教育事业正常有序地进行。

二、智能素质

教育教学是极其复杂的智力活动过程，需要教师既具备从事该活动的特殊才能，同时也要具有一般的最基本的心理能力，这种最基本的心理能力和教师的才能就是我们所说的“智能”。

教师的智能是由多种心理要素构成的心理结构，这种心理结构十分复杂，主要包括观察力、记忆力、想象力、思维力、注意力等多种成分。这种多种智力成分构成的智能结构不是机械的组合，而是一个有机的统一体，其中每一种心理成分既具有相对独立的心理职能，同时又有构成彼此相互联系和制约的整体功能，一般来说，教师的智能结构包括以下几个基本要素：

1. 敏锐的观察力

教师的观察力是教师智能结构中最基本的要素之一，也是教师智能活动的先导和入口。观察力是人的高级心理活动的基础，它指人有目的、有计划、有组织并积极参与的一种知觉有关对象的能力。敏锐的观察力是教师认识了解学生、掌握学生智能活动的最有效、最直接的手段，也是培养和发展教师智能素质的重要基础。

2. 较强的记忆力

教师的记忆力是教师智能活动的信息库。较强的记忆力是教师智能结构中及其他要素或整个心理活动产生的基础。它是教师识别与记住事物、贮存与提取信息的能力。

教师记忆的正确性、准备性、敏捷性和持久性的品质，是教师进行传道、授业、解惑的重要基础，只有具备这些良好的记忆品质，才能发展教师的智能素质。

3. 丰富的想象力

想象是在头脑中对已有的表象进行加工改造，创造新形象的心理因素。我们可以形象地比喻，想象力是教师教育教学活动的羽翼，它对增强教师教育的魅力、教学的感染力，开拓教师的思维领域，进行创造性教学具有重要作用。

4. 创造性的思维力

创造性思维是指以新异、独创的方式解决问题的思维。教师创造性思维能力体现在教育教学中，是运用创造性思维策略激发学生创造的动机、发挥创造的潜能，培养学生创造人格的能力。

培养教师思维的敏捷性、灵活性、周密性、深刻性、独创性和批判性等品质是教师智能培养的核心部分，在智能结构中起发动机的作用和统领、协调教师整个智能活动的重要作用，所以培养教师创造性思维能力是培养教师心理素质的重要部分。

5. 灵活的注意力

注意是心理活动对一定对象的指向与集中。它在教师智能结构中具有指向、调节、监督、组织、维持等作用，它可以使教师在教学活动中进行细致的观察，提高感受性，增强记忆的准确性、思维的敏锐性，提高教学的效果。所以教师灵活的注意力是保证教师智能活动顺利进行并获得成功的必不可少的心理要素。

三、情感素质

教师情感素质是一种对教师智力和能力活动有显著影响的非智力因

素，它在教师心理素质结构中占有越来越重要的位置。随着教育的改革，人们逐渐认识到：一个合格的教师不仅要向学生传授各种知识、培养技能与能力，还应把情感和认知两方面的知识均传授给学生，这就对现代教师的素质提出更高的要求，不仅要在认知、技能水平上，还要在情感智力方面达到教育目标的要求。

情感智力，最早是在1966年由德国心理学家巴布娜·柳纳首先提出来的。后来，美国心理学家梅耶、沙洛维在1990年提出了情感智力的观点，1995年丹尼尔·戈尔曼写出了《情感智力》一书，情感智力的观点很快被人们接受并广泛传播。

所谓情感智力是指一个人把握和控制自己的情绪，对他人情绪的揣摩和驾驭，以及承受外界的压力，不断自我激励和把握自己心理平衡的能力。它是自我意识能力、自我控制能力、人际交往能力、抗挫折能力的总和。

正像智力是反映一个人传统意义上的智慧程度、智能水平高低一样，情感智力是衡量人的情感智能水平高低，反映人的情绪健康程度，是发掘情感潜能、运用情感能力、影响生活各层面与人生未来的关键性品质要素。

尽管情感智力这一概念目前仍有争议，但勿庸置疑的是教师的情感智力已成为现代教师必备的心理素质。在素质教育中，在教与学的教学过程中，在新型师生关系构建中以及教师自身素质的提高中，发挥教师情感智力的作用具有重要的意义。尤其是在应试教育影响下，教育中认知与情感教育的失衡，加上中小学生过重的课业负担，个体在成长与交往中出现的困惑或挫折，生活、学习环境的不适应，使中小学生情感、精神“低能”现象出现，教师“师”的匮乏，使教师较快提高情感智力素质已成为当务之急。

另外，教师也面临超负荷的运转和来自工作、学习和家庭诸方面的种种压力，要提高应变能力，摆脱自身的烦恼和压力，也必须提高自身的情感素质。

四、人格素质

人格是一个具有宽泛意义的概念。在心理学中，人格通常指一个人所具有的独特的稳定的心理特征的集合，如性格、气质、兴趣、爱好及能力等。它是对人本质的描述，表现个人的面貌和心理倾向，所以也称其为“个性”。

教师的人格素质通常指由教师的职业所规定的，由教师个体组成的，作为教育者这一角色所共有的共同的心理特征。它包括教师的自我意识、情感及意志结构、合理的心理结构，稳定的道德意志和个体内在行为倾向性。

人类文明发展到今天，人格问题已成为全球性的问题，世界许多国家的教育研究重心已从原来的“智力开发”转向“人格培养”。教师的人格素质如何，直接关系到国民人格的优劣，因为教师的人格具有社会的表率作用。塑造健康的人格素质，发挥教师人格力量，完善教师人格品质，不仅是教师职业的需要，也是时代发展、社会进步的需要。

五、品德素质

教师的品德素质，即教师的道德品质。它是指教师按社会规定的道德准则、道德规范所表现出来的言论、举止和态度等比较稳定的特性或倾向。

一般来说，教师的品德是由教师的道德认识、道德情感、道德意志和道德行为这四种心理成分构成的，它们互相联系、互相促进。

道德认识是道德情感产生的根据，道德情感又影响道德认识的形成；道德行为是在道德认识、道德情感的基础上伴随着道德意志，通过一定的练习形成的。同时，道德行动又可以巩固、发展道德认识和道德情感。因此，品德的形成是一个多层次、多侧面、多形态、多序列的动态开放性整体和系统，每一种心理成分互相联系共同作用。

加强教师品德的修养，树立高尚的师德风范，是当前教师素质教育的重要内容。兴教育人，责任在教师。教师要完成开发学生的潜能，培养德、智、体全面发展的新人的使命，首先必须具备高尚的职业道德，加强自身素质的提高，做到知之正确、情之高尚、意之坚强、信之坚定、行之规范，真正做到以德育人，为人师表。所以，提高教师心理素质必须注重教师品德素质的提高。

第五节　教师具备优秀心理素质的意义

教师拥有优秀的心理素质，不仅是推动教师积极工作和发挥创造性的动力，同时对学生个性形成和发展的影响也是任何其他教育手段所无法代替的。教师拥有优秀的心理素质，对于促进教师的心理健康有着重要意义，而教师心理健康的状况，会直接影响学生的行为，影响学生的身心发展。教师的优秀心理素质，对于促进学生心理健康和对教育教学过程本身也起着重要作用。

一、对教师心理健康的意义

教师心理问题的形成首先是外部环境中存在着来自社会、学校和家庭的各种要求、挑战或威胁，它们通过个体的心理和行为过程对身心产生影响。如果个体没有能力来处理外界的要求、挑战或威胁，就会产生不良的消极情绪反应，感到紧张、焦虑、抑郁等，有时还会伴随着消化系统、心血管系统等各种生理反应。如果这种反应比较剧烈或者时间比较长，就会导致各种心理或行为问题，严重的可以产生精神疾病和身心障碍。

在心理问题形成的过程中，外界环境的压力大多数是不可避免的，我们无法进行直接的控制和管理，如社会对教师新的要求和期望、教育观念和方法的更新、教师学历水平的提高、教师资格证书制度的实行、教师劳动清苦和工资待遇偏低的冲突、校长和同事的个性特点，等等。但是我们可以通过控制和调节自身的心理和行为来减少或降低外界环境对我们身心的消极影响和危害。如全面评价环境要求和自身的资源、适当降低自己的要求和期望、合理宣泄不良的情绪、及时改变自己的态度和行为方式等。

因此，心理素质也就是个体的自我控制能力、适应环境能力、心理承受能力、应对压力的能力、自我解脱的能力、自我表现的能力等，在外界环境压力和心理问题、行为问题、身心障碍之间起着调节和缓冲的作用，它们可以减少外界压力对我们的冲击和威胁，保护我们的心理健康状态。可以说，心理素质就像放在外界压力和身心状态之间的弹簧一样，可以大大减缓环境对个体的冲击力和破坏力，维护正常的身心健康。

二、对学生心理健康的意义

教师的主要任务就是向学生传授基本的知识和技能，促进学生身心的健康发展。由于教师在学生的心目中具有特殊的地位和作用，教师的心理和行为对学生也就具有特殊的影响力。

在小学阶段，教师在学生心目中是权威和崇拜的对象，教师的态度、观念和行为往往是学生的模仿对象。因此，教师的心理素质就直接影响着学生的心理素质，教师的心理健康也直接影响着学生的心理健康。

学生到了青春期以后，教师在学生心目中的地位虽然有所下降，但教师心理素质仍然通过教师的教育态度和方式对学生的心理健康产生巨大的影响，甚至影响着学生以后对社会权威、法律规范的态度，从而影响着他们未来的发展。

无论学生处于哪个年龄阶段，教师的心理素质都对学生的心理健康具有重要的影响作用。一个情绪不稳定的教师容易扰乱学生的情绪状态，而一个情绪稳定的教师也会使其学生的情绪趋于稳定。在一个能够体谅别人的教师的影响下，学生也会表现出体谅的态度。在一个不为常规和个人偏见所约束的教师的影响下，学生也富于创造性。一个厌倦而失望的教师，他的学生也没有生气和活力，显得无精打采。

正如美国学者所罗门说的："在个体人格的发展方面，教师的影响仅仅次于父母。一个孩子如果拥有甜蜜的家庭，享有父母的爱，又得到一个身心健康的教师，那是无比幸福的。相反，如果他既不能由父母那边得到足够的关怀与爱护，又受到情绪不稳定教师的无端困扰，必将造成许多身心发展的问题。”

三、对教育教学的意义

教师的心理素质不仅对教师和学生的心理健康具有重要的意义，而且对教师的教育和教学的效果具有重要的影响。

教师的环境适应能力直接决定或影响着教师能不能适应社会要求和转变自己的教育观念，也决定或影响着他能不能及时调整自己在教育教学中的角色地位。而这些转变又直接或间接地影响着教师的教育和教学的效果，有些甚至影响到教师职业的声誉。

教师自我控制的能力和心理承受能力直接影响教师对教育教学中的意外事件的处理是否得当，也影响着教师能否抓住教育时机，化被动为主动，为教育和教学服务。

在教育和教学的过程中，不但教师的情绪和行为会影响学生的表现，学生的行为也会影响教师的情绪和行为。尤其是学生的不良行为、冒犯行为、反抗行为，更容易激发教师的不满和愤怒，而人们往往在这种愤怒的激情下做出不理智的事情来。这时，教师必须具有一定的心理承受力和自我控制力，才能避免冲突的进一步升级，维持良好有序的教学秩序。

第二章　优秀教师的认知素养

在教育教学过程中，教师必须首先了解每个学生的心理活动特点、感受与表现，并不断地给予鼓励、评价与指导，才能完成教学任务，取得较好的教育教学效果。为此，教师要感知教育对象，洞察教育信息，了解与安排教学过程，同时，在教学活动中，教师还要以各种方式呈现教学材料信息，通过学生的感知觉为学生所接受，并由此引起随后的一系列的信息加工活动。

第一节　教师的感知能力和水平

感知能力可谓教师最基本的心理素质，教师对教学材料的信息感知加工状况，会对学生高级认知过程的发生、发展产生重要影响。

为了使教师更好地了解教育对象，提高学生对教学材料感性认识的效果，也为了提高学生感性认识的水平，我们对教师感知觉特点、教师在教学中运用感知规律的能力，以及教师如何提高自己的感知水平等问题作以论述。

一、感知和感知能力

顾名思义，“感知”这个词可分解为“感觉”和“知觉”。

感觉是人脑通过其感受器所接收到的刺激的物理信息。感官就是负责接收特定的物理刺激，再将刺激转换成可被人脑理解的电化学信息的物理系统。感觉通过感官获得光、色、声、味、力、冷、热、痛等的感觉。感觉器官对刺激有最低阈限——最小的能感受到的刺激。

知觉是人大脑的感觉信息进行组织和阐释的一组心理过程，通常就是指在大脑中进行的对感觉所提供的信息进行阐释的教程。知觉是在充分考虑了人们的期望、先前的经历和文化的基础上，对感觉信息进行综合并赋予其意义。

需要指出的是，感觉和知觉并不是泾渭分明的，因为感觉有时也会受到先前经历的影响。

感知能力就是对感觉刺激、知觉对感官刺激赋予意义进行认知的水平，取决于感官对刺激的敏感程度，而且经验和知觉决定对刺激的判断。

二、教师的感知特点

人对客观事物的感知，受主客观条件的影响，有其特殊的活动规律。教师感知过程的心理规律，表现出以下几方面的特点：

1. 教师感知的整体性特征

当我们感知一个熟悉的对象时，只要感觉了它的个别属性或主要特征，就可以根据知识经验对它进行识别，把它知觉为一个整体进行反映，这就是知觉的整体性。当人用鼻子嗅到某种熟悉的气味时，也立刻能完整地知觉该物体。也就是说，有知识经验的补充和部分属性作用时，人才能形成对事物的整体性知觉。如果感知的对象是没有经验过的或不熟悉的事物，知觉就会以感知对象的特点为转移，将它组织成具有一定结构的整体。

在教育教学过程中，教师对学生的感知总是根据学生的平时表现及其在教师心目中的印象对学生进行判断和评价的，比如两个学生同时被怀疑参与了某种不良行为，其中一个是学习成绩好、教师和同学心目中的好学生，另一个是学习成绩差的所谓的“问题学生”，最后被认定可能参与不良行为的肯定是“问题学生”。因为，在整体性知觉中，物体的各部分起的作用是不同的。一般来说，强的部分起作用大，弱的部分作用小；强的成分往往会掩蔽弱的成分。

另外，在整体知觉中，刺激物之间的关系起着重要作用。有时，刺激物的个别部分改变了，但各部分的关系不变，仍能保持整体的知觉。比如，几个平时学习较差、问题较多的学生经常在一起活动，形成了一个稳定的小团体。如果其中一个同学开始转化，不再参与他们共同的不良行为，但还会和他们保持经常性接触。教师对此学生的评价仍会延续与其他同学一样的结果，因为“物以类聚，人以群分”是人们认识事物的基础。可见，物体各部分的关系以及对关系的反映是整体知觉的基础。

2. 教师感知的选择性

在日常生活中，作用于我们感觉器官的客观事物多种多样。同时，这些客观事物又不是孤立存在，而是存在于一定的环境和背景之中。人们在一定的时间内，不能感受所有的刺激，而仅仅感受能够引起注意的少数刺激。此时，注意的对象就会从其他事物中突出出来，出现在“前面”，而其他事物就会退到“后面”去。前者成为知觉的对象，后者成为知觉的背景。可见，人的知觉具有这样一种特性，即对优先知觉的事物，形成清晰的映像，而将其周围的环境和事物当成陪衬和背景，形成模糊的感觉，这种把知觉的对象优先从背景中区分出来的特性叫“知觉的选择性”。

在教育教学过程中，教师面对众多的教育对象也不可能同时、同样反映。一般来说，教师总是选择那些和背景相差比较大的事物作为感知对象。比如，在教育教学过程中，总是关注“两头”，即优等生和差等生，而忽略中等学生。这是因为对象和背景之间差别越大，越容易优先选择。相反，对象和背景差别小，则不易被发现。同时，活泼好动的学生容易引起教师的注意，平时安静的学生容易被忽视，这是由对象的活动性特点决定的。另外，教师对喜欢的学生也会格外关注。

3. 教师感知的理解性

人在感知某一客观对象时，总是利用已有的知识和过去经验去认识它，并用语词把它标志出来，这种感性阶段的理解就是知觉的理解性。知觉的理解性是以知识经验为基础的，是人把对当前事物的直接感知，纳入到已有的知识经验系统中去，从而把该事物看成某种熟悉的类别或确定的对象的过程。知觉理解性的基本特征是用语词把事物标志出来，词语对人的知觉具有指导作用，可以帮助并加快理解。

教师在教育教学过程中，也经常给不同的学生以不同的评价，比如“优等生”意味着学习成绩好、品质好等；“差等生”意味着学习成绩差、表现差、问题较多等。当提及某同学成绩差时，人们马上就会把他归入“差等生”的行列，并联想他的种种劣迹。

4. 教师感知的恒常性

由于知识经验的参与，感知往往并不随知觉条件的变化而改变，而表现出相对的稳定性，这就是感知的恒常性。知觉的恒常性在日常生活、工作和学习中有很重要的意义，它有利于人们正确地认识和精确地适应环境。

在教育教学工作中，知觉的恒常性也会使部分教师按照老眼光看待学生，比如，学习成绩差的学生，也很难被评为“热爱劳动”的先进。一般来说，学习成绩差的学生与各种奖励无缘，尽管很多奖项不是学习成绩奖；相反，学习成绩好的同学，很容易得到更多的奖励。另外，教师对学生的印象，也是知觉恒常性的重要表现。

三、教师的感知能力

在教育教学过程中，教师必须首先了解每一个学生的心理活动特点、感受与表现，并且不断地给予鼓励、评价与指导，才能完成教学任务，取得较好的教育教学效果。为此，教师要感知教育对象，洞察教育信息，了解与安排教学过程。同时，在教学活动中，教师还要以各种方式呈现教学材料信息，通过学生的感知觉为学生所接受，并由此引起随后的一系列的信息加工活动。

感知能力可谓是教师最基本的心理素质，教师对教学材料的信息感知加工状况，会对学生高级认知过程的发生、发展产生重要影响。了解教师感知觉特点、教师在教学中运用感知规律的能力，可以使教师更好地了解教育对象，提高学生对教学材料感性认识的效果，也能提高学生感性认识的水平。

四、教师的感知水平

感知觉是人脑对当前直接作用于感觉器官的客观事物的反映。感知觉

是其他心理活动的基础，与记忆、思维等心理活动同时参与人的认知活动。在现实生活中，各种心理活动作为一个整体，其实是不能，也不可能截然分割开的，它们总是彼此融合、交织在一起的，只是为了研究的需要，才把各种心理活动分别开来，个别地加以分析研究的。

教师的感知能力由低级到高级可分为三个水平：感觉水平、知觉水平、观察水平。

1. 感觉水平

感觉是人脑对当前直接作用于感觉器官的客观事物的个别属性的反映。感觉是感知觉的低级水平，是人类一切心理活动的开端。感觉水平可以分为两大类：外部感觉（视觉、听觉、味觉、嗅觉、肤觉）和内部感觉（机体觉、运动觉、平衡觉）。无论是内部感觉还是外部感觉，都是一种感觉系统活动的结果，都是人脑对当前直接作用于感觉器官的客观事物的个别属性的反映。

2. 知觉水平

知觉是高于感觉的感知觉水平，是人脑对当前作用于感觉器官的客观事物的整体的反映。但知觉并非就是感觉的简单相加的总和，而是对刺激物即客观事物的分析、综合的有机结合，知觉的信息源不是单一的，而是复合体，是多个分析器协同活动的结果。

感觉和知觉是不同水平的感知觉，是不可分离的。同时，知觉还在一定程度上受到个体知识、经验及各种心理特点（如兴趣、需要、动机、情绪等）的制约，是在感觉基础上的对客观事物的深入反映。

3. 观察水平

观察是最高级的感知觉水平。观察也是人脑对当前直接作用于感觉器官的客观事物的整体的反映，但是确切地说，观察是一种为感知特定对象而组织的有目的、有计划，必要时需要采用一定方法的高水平的感知觉过程。它是一种主动积极的、往往与随意注意及思维相联系的紧张的感知觉过程，是更为自觉的感知觉过程。

观察也被称为是“思维的知觉”。观察力一般被认为是智力的重要组成部分之一。人们在观察过程中始终处在探索研究的状态。通过观察，往往会起到不仅是“知其然”，而且“知其所以然”的结果。正如“看”仅仅是感觉，“看到”是知觉，而有目的、有计划、有步骤地进行“看”才是观察。感知觉的这三个水平是不可截然分割开的。所以说，观察是发展思维的良好方法与前提。

五、教师感知能力的重要意义

教师的感知能力是教育教学工作基本功中的一项重要内容。前苏联教育家赞可夫说过：“对一个有观察力的教师来说，学生的欢乐、兴奋、惊奇、疑惑、恐惧、受窘和其他内心活动的最细微的表现，都逃不过他的眼睛。一个教师如果对这些表现熟视无睹，他就很难成为学生的良师益友。”

随着现代教育技术的不断发展，教育教学也正从“知识中心向能力中心转变”，教学任务不止局限于向学生传授基本知识与基本技能，对学生基本能力、态度、情感、思维、个性等方面的培养越来越重视，对全面发展学生的素质看得更为重要。因此，提高教师的感知力与提高教学质量存在密切联系。

教学水平较高的教师的教学虽各具特色，但却有一个共同点，就是具有较好的感知能力。他们既能照看重点，又能及时兼顾一般，无论哪个学生偶然出现问题，都能及时发现，及时解决。而一些教学经验尚不成熟的教师，在整堂课的教学中往往把视线集中在某位学生身上或很窄的范围内，表现出管一部分学生放一部分学生，长此下去难以调动全体学生的学习积极性，也很难发挥教师的主导作用。

目前，绝大多数中小学采用班级授课的教学形式，由于同时参与活动的学生人数较多，且教学内容丰富、活动形式多样，教师要看清全班学生活动的情况，并不是一件轻而易举的事。这就要求教师要有宽阔的视野，能有意识地注意观察到学生在教学活动中表情、动作等与教学有关的信

息，总结出学生的心理活动规律，如基本掌握所学内容的学生是用兴奋、渴望的眼神盯着教师，希望能抽自己回答问题；未掌握的学生眼神闪烁、躲避；注意力不集中的学生用一种漠然的眼神打量教师和同学。

根据学生的一个眼神、一种表情判断情况，然后分清主次抓住关键，经过分析、综合、调整后再进行指导才能收到良好的教学效果。这就要求教师应该自觉地、有意识地锻炼和提高自身的感知能力。

教师要提高感知能力，更主要的是学会观察、善于观察，也就是提高教师的观察力。这方面的能力训练，我们在下一节作具体介绍。

第二节　优秀教师的观察力

观察是知觉的特殊形式，是有预定目的、有计划的主动的知觉过程。观察力就是迅速敏锐地发现事物的极不显著但却非常重要的细节和特征的知觉能力。俄国著名教育家乌申斯基说："如果教育者希望从一切方面去教育人，那么就必须从一切方面去了解人。而要了解人，就得善于观察，有良好的观察力。"

一、观察力对教师的重要意义

观察是教师的基本能力，自产生教师这一职业以来，就对教师提出了这个要求。观察力是教师做好工作的基本功，是教师搞好教育工作不可缺少的心理品质。教师要传授知识、培养能力、提高觉悟，首先要了解学生。要了解学生，就不能事事依靠别人的介绍，或通过学生本人的回答解释，主要还是靠教师自己的观察。

观察是一种直接了解和研究学生的最有效的办法。教师的观察力是因材施教的依据。教师只有通过各种活动细心观察，深入细致地了解每个学生在成长过程中出现的纷繁复杂的情况，分析研究他们心理和个性特点形成的原因，才能逐渐掌握每个学生的特有兴趣、专长、性格与脾气，然后采取不同的指导方式，使学生从不同的起点上都得到发展，有所进步和提高。

一个人的思想、内心活动总是会在行为活动中有所表现，尤其是青少年情绪比较外露，往往还不善于掩饰自己，教师从学生表现出来的各种神态和表情中就能捕捉到学生思想感情的变化，及时地发现他们身上隐藏的

及其微小的发光点，找到还处在萌芽状态的错误苗头，从而使闪光点得到及时扶植，发扬光大；将坏苗头消灭在萌芽时期。

教师具有敏锐的观察力，还能及时觉察社会上各方面的思潮对学生的影响，及时发现和了解在某一时期、某一阶段预防何种“患”，如何防“患”，从而把握住教育学生的主动权。

能不能善于发现后劲生身上的闪光点，激起他们的上进心和自尊心，在一定程度上可以说是对教师观察力最好的考验。“用其所长，克其所短”，这是转化后进生的根本经验。每个学生身上都应该说有长处和积极的因素，是可以迁移到学习、劳动和各种正当有益的活动上来的。如果把这些心理品质发扬起来，不断巩固和扩大，就完全可以控制、克服和缩小各种消极因素，最后达到长善救失的目的。

一般说来，后进生的优点往往被短处、缺点所掩盖，再加上人们对他们形成了习惯、固定的看法，他们身上的优点往往被忽视。教师只有具备良好的观察力，才能善于发现他们。许多优秀教师在这方面为我们树立了榜样，他们善于抓住后进生的突破口，成功地改变其心理状况，激发出后进生前进的信心和力量，实现了对其的转化。

教师的观察力对教育教学工作，具有十分重要的意义。教师在教育教学活动中首先是一个观察者，他的观察对象主要是学生，教师必须具有观察学生的强烈意识。了解学生是教育学生的前提，教师的观察力是洞察学生内心世界的变化与个性特征、发挥教育机智、因材施教的先决条件。因此，善于观察学生的能力是教师教育能力结构的基础能力。教师只有细致深入全面地了解学生，才有可能做好教育教学工作，敏锐细致深邃的观察力是教师了解学生不可少的。教师只有长期系统周密的观察教育现象，才能获得丰富而有价值的材料，从而发现新问题，找出事物的规律，进行正确的教育科学论证，并得出正确的结论。

前苏联著名教育家赞可夫曾说：“对一个有观察力的教师来说，学生的乐观、兴奋、惊奇、疑惑、恐惧、受窘和其他内心活动的最细微的表现，都逃不出他的眼睛。一个教师如果对这些表现熟视无睹，他就很难成为学生的良师益友。”

二、教师观察力的品质

1. 教师的观察力具有客观性

教师的观察力具有客观性是指在教育教学过程中，教师要对每一个学生的认识能力、学习情况、思想、态度的变化进行观察，在观察的过程中，教师要善于排除主观因素的干扰，例如，某些社会偏见、思维定势、个人的情感等，全面地、公正地、实事求是地看待学生的变化，保证观察的真实性。

2. 教师的观察力具有敏锐性

教师的观察力具有敏锐性是指教师善于从人们司空见惯、熟视无睹的现象中，快速准确地抓住学生的重要特征，善于捕捉转瞬即逝的现象和变化，能根据学生的某一瞬间的面部表情、个别动作行为，准确判断学生的情绪的愿望。

敏锐的观察力是教师重要的心理品质，它使教师及时预见到某些正要发生而尚未出现的现象，采取有效措施来影响教育的进程，既促使积极现象的发生与发展，又避免消极现象的蔓延。学生每时每刻都在发生变化，只有从细小的变化中及时抓住教育的契机，才能更好地做工作。

3. 教师的观察力具有精细性

教师的观察力具有精细性是指教师在观察中，善于从笼统的事物特征中区分出细微而重要的特征的能力，即能洞察秋毫，能观察到现象之微末。教师观察学生上课注意力集中的状况，观察学生的面部表情、眼神，就能知道学生对教材的领悟程度；教师细致地观察学生书面作业的完成情况，知道学生的学习态度、学习方法、学习习惯及其变化；教师细致地观察学生的言语、行动、外表及衣着打扮、发式的细微变化，了解学生的内心活动及思想变化，从而有针对性地对学生进行启发、引导与教育，以便

长善救失，促使学生向正确的方向成长。

三、教师观察力的培养

作为一名教师，应该随时关注每一位学生的成长历程，做学生学习和生活的正确引领者，只有这样，学生才能得到真正的全面发展。教师作为学生的观察者，必须有较强的观察能力。作为教师，该如何培养自己的观察能力呢？

1. 确立观察目的

进行观察时，要明确观察什么，怎样观察，达到什么目的，做到有的放矢，这样才能把注意力集中到事物的主要方面，以抓住其本质特性。目的性是观察力的最显著的特点，有目的地进行观察才会对自己的观察提出要求，获得一定深度和广度的锻炼。

在教育教学活动中，必须要有明确的观察目的，有具体的观察目标，这样就可以有效地组织注意力，更加完整和清晰地反映观察对象，才能善于透过纷繁复杂的现象去把握事物的本质和规律，提高观察的效果。

2. 制定观察计划

在观察前，对观察的内容作出安排，制定周密的计划。如果在观察时毫无计划、漫无条理，那就不会有什么收获。因此，教师进行观察前就要打算好先观察什么、后观察什么，系统进行。观察的计划，可以写成书面的，也可以记在脑子里。教师可以坚持写观察记录和总结，掌握观察的方法，养成观察习惯。

3. 观察现象，探寻本质

观察力是思维的触角，要培养观察力，就要善于把观察的任务具体化，从现象乃至隐蔽的细节中探索事物的本质。教师要对观察的结果进行科学的整理与分析，客观地将所观察的结果与其他研究方法所取得的结果进行印证比较，消极各种人为的误差，对结果进行恰当的科学的评价，从而寻找带有规律性的东西。

教师只要坚持“观察，观察，再观察”，就会形成敏锐的观察力。只要观察时以独特的视角探寻，用心深入感受思考，就会有洞明世事的发现力，就会练就一双火眼金睛，以独特的慧眼发现别人没有发现的妙理。

第三节　优秀教师的记忆力

无论是通过感知觉在感性认识的层面上实施对教学材料的信息加工，还是通过思维在理性认识的层面上实施对教学材料的信息加工，都存在着一个在头脑中储存或提取信息的问题，这就涉及教师在教学活动中的又一重要的信息加工过程——记忆。记忆是人的智力因素的重要组成部分，是人的智慧仓库。人们凭借记忆积极积累知识，凭借记忆保存知识，并进行有效的想象和思维。如果大脑没有记忆机能，无论是知识的学习，还是进行熟练的活动都是不可能的。可见，记忆在教学过程中具有十分重要的意义。

一、教师的记忆及其作用

记忆是过去经历过的事物在头脑中的反映。用信息加工的观点来看，记忆就是人脑对所输入的信息进行编码、贮存和提取的过程。一个人对过去经历的事物，并不会因事过境迁就失去所有的印象，而是或多或少、或深或浅地在头脑中留下一些痕迹，在以后的生活实践中，在一定的条件下，会以各种形式表现出这些痕迹的复显作用。

教师提起某些曾经教过的学生，脑中会浮现出有关学生的形象。在教学活动中，把曾经朗读过的课文背诵出来，把掌握的概念、原理、公式记住，把学得的外语词汇、语法烂熟于心等更是司空见惯的事。这里涉及到的便是大量的记忆现象。

人不仅能记忆曾经见过的、听过的、嗅过的、尝过的和触摸过的各种各样感知过的东西，而且也能记忆曾经思考过的问题、体验过的情绪和操

练过的动作。因而这里所说的“过去经历的事物”，实质上包含了记忆所能反映的十分宽泛的对象。

记忆是一个复杂的心理过程，包括识记、保持、再认或回忆几个基本环节。识记是识别和记住事物；保持是巩固已获得的知识经验的过程；回忆和再认是在不同的情况下恢复过去经验的过程。教师在教学过程中，记忆的内容主要包括概念、事实或资料等，对这些内容的记忆可分为印象、联想和重复三个步骤，构成一个完整的记忆程序。

记忆是教师认识能力的基础。实验表明：人的记忆为感知提供经验，没有它，知觉就难以实现。记忆又是从感知到思维的桥梁，是想象力驰骋的基地，没有它，就不能有人类的思维。正因为有了记忆，人们才能在不断地认识和改造世界中积累经验，运用经验。也就是说，有了记忆，人们才能在以往反映的基础上进行当前事物的反映，从而保证对外界的反映更全面、更深入，保证人们心理活动的前后统一和连续不断，进而形成一个发展的过程。

教师通过记忆，丰富了自己的知识，提高了自己的认识能力，也形成了各自的个性心理特征，为提高教学质量奠定了基础。

记忆是教师学习知识的前提。历史上很多哲人学者都认为，记忆是知识形成和发展的重要因素，而且还认为记忆本身是一门专业知识。英国著名哲学家培根说过：“一切知识，不过是记忆。”

俗话说得好：“活到老，学到老。”对教师来说，生活就是一部永远也读不完的鸿篇巨著，学生就是一部常看常新的教科书。教师的各种学习都是以记忆为基础的。有了记忆，教师才能向学生传授知识，学生才能记住老师传授的知识。特别是记忆研究本身就是一门工具课，教师要把握记忆这只学海泛舟的金桨，提高学习的效率。

记忆力是提高教师思考力的保证。在教学过程中，大多数教师都能够做到举一反三、触类旁通，那是因为他们记住了已有的经验、知识，面对新事物新问题的某些似曾相识的现象，立刻触发联想、类比，对新事物新问题的认识产生顿悟，豁然开朗贯通，从而提高了推理、判断和理解等思考能力。

记忆力是培养教师创造力的前提。人脑总是在有意无意的状态下，组合或分解记忆里的某些事物，发展出新想法和新创意。科学的发明、真理的发现和艺术的创造好像与记忆无关，其实，创造力仍然立足于足够的记忆。

二、教师记忆力的品质

在现实生活中，每个人的记忆能力是不一样的，有人记得快忘得快，有的人记得慢忘得慢，有的人记得快忘得慢，还有的人记得慢忘得快；有的人长于动作记忆，有的人长于形象记忆，还有的人长于抽象记忆。这些记忆的个体差异就是记忆的品质的表现。一般认为，教师记忆力的品质主要表现在记忆的准确性、敏捷性、持久性、准备性四个方面。

1. 记忆的准确性

记忆的准确性表现是指所记忆的材料在回忆时和原来所记忆的材料相符合的程度。准确的记忆就是对原有的材料能恰如其分地回忆出来，没有遗忘和增减。如果记忆不牢，回忆的内容不完整，或张冠李戴，错误连篇，就失去了记忆的意义。教师的教学直接关系到学生对事物的认识和判断，在学生的成长过程中起着重要作用，教师准确的记忆尤为重要。

2. 记忆的敏捷性

记忆的敏捷性是指记忆的速度，一般是以一定的时间内能记住多少实质内容来衡量。记忆同一材料，有的人记忆得快，有的人却需要很长时间才能记住。这就是在记忆敏捷性上的差异。在比较短的时间内记住较多的事物是一种可贵的记忆品质。教师具备记忆的敏捷性，平时能够提高教学工作效率，课堂上能够应付学生提出的各种突发问题。所以对于教师来说，培养记忆敏捷性非常重要。

3. 记忆的持久性

记忆的持久性是指所记忆的事物在人脑中保留时间的长短。能够将获得的知识经验在头脑中牢牢扎根，长期巩固在记忆中，是另一种良好的记忆品质。它可以使教师形成丰富的知识积累，促进工作能力不断提高，为及时提取运用于指导教育教学实践活动奠定良好的基础。

4. 记忆的准备性

记忆的准备性是指在遇到问题时能迅速地从自己的记忆中提取需要的内容的能力。储备知识就是为了随时运用，如果一个人记很多知识，也很正确，就是需要时找不到，拿不出来，这就是记忆的准备性差。教师在课堂上能得心应手地随时提取知识加以应用，是具有良好记忆准备性的表现。教师在教育教学过程中，面对思维灵活、变化万千的学生，在紧急情况下，运用自己的知识、经验及时正确处理出现的各种新情况、新问题，就必须具备记忆的准备性。

三、教师记忆力的培养

由于每位教师的先天素质、社会影响及个人努力程度不同，他们的记忆能力是有差异的。有的人理解和记忆能力都比较强，记忆有法，在解决问题时，能灵活运用，能不断凭借原有知识的迁移去学习掌握新知识，在头脑中形成一个良好的认识结构；有的人对知识只会死记硬背，不在理解的基础上去记忆，因此记忆的可靠性差，获得的知识往往是支离破碎、不系统、似是而非；有的人虽然能很好地记忆所学内容，但受习惯、变式的干扰，对标准叙述的题目或曾见过的题目能用记忆过的内容来解答，而对从没见过面或稍加变动的题目，则不知从何下手。这些都是记忆品质差的表现。

要提高教师记忆力，使记忆既快又准且能长久地保持知识，最根本的是要培养一系列良好的记忆品质。教师要有意识地培养自己的记忆力，科学研究证明人的大脑有很大的记忆潜能。事实表明，明确记忆目的，集中精力，可以提高记忆的积极性；根据记忆的规律，掌握科学的记忆方法，如合理分配时间、多种感官的参与，建立记忆材料之间的线索等都有助于提高记忆力。

第四节　优秀教师的思维能力

思维是人脑借助于语言对客观现实概括的和间接的反映，它反映的是事物的本质与内部规律性。思维是智力的核心成分，离开思维，接收和捕捉任何信息都毫无意义。

在教学过程中，教师要传授知识、培养学生的能力，尤其是创造能力，必须对教学材料进行加工，深入认识客观事物的本质属性及其内在的规律性，这就需要调动高级的认知过程——思维。

一、教师思维能力的作用

教师的思维能力是教师能力素质的核心，教师思维的条理性、逻辑性、系统性、创造性等在教师的能力素质中最为重要，是影响教学成效的最重要因素。

我国教育心理学家邵瑞珍曾作过这样的研究：请学生对其任课教师课堂教学活动的条理性和系统性作出判断，然后计算与学生成绩的相关性，结果发现它们之间有明显正相关。罗森夏和弗斯特运用观察、经验总结和逻辑推理的方法得出的关于教师能力的结论中，对教师思维的条理性、创造性给予了高度的重视。

教师思维的条理性、逻辑性可以外显为语言表达的清晰性和条理性。美国学者所罗门等人的研究说明教师语言表达的清晰度与学生的学习成绩有显著正相关。希勒的研究说明教师讲解得含糊不清与学生的成绩呈负相关。斯波尔丁的研究报告得出教师思维的条理性和学生的阅读成绩呈正相关的结论。教师思维还可以外显为对课堂教学的良好“组织”，这也对教学成效构成影响。根据研究，教学成效高的教师能够在课堂上抓住问题的关键，灵活巧妙地组织引导学生的思维并使其沿着教师预定的方向前进。另外，还可以协调师生之间的关系，创造学生乐于接受的融洽的教学气氛，这无疑有利于提高学生的学习成绩。科根报告认为，教师安排学生活动比较有条理、有组织，学生的学习收获就较大。

总之，教师的思维能力，尤其是教师思维的条理性、逻辑性和创造性品质与教学成效有着显著的相关度。所以教师在自己的教育教学实践中，要不断加强思维能力的训练，提高自身的思维水平，以便获取更好的教学效果。

二、教师思维能力的品质

1. 教师思维的广阔性和深刻性

教师思维的广阔性表现于教师在教学过程中，既善于全盘观察问题，又善于全面地观察问题，并着眼于事物之间的联系，寻求解决问题的办法。在全面观察的基础上，通过不断地思维，及时筛选出解决问题的办法和措施。

思维的深刻性指教师善于深入地钻研和思考问题，不满足于表面的认识，善于区分事物的本质与非本质特征，能抓住事物的主要矛盾，正确认识与揭示事物的运动规律，并能预测事物发展的趋势与后果。思维的深刻性表现于教学过程中，指教师在处理教育教学中出现的各种问题时，能抓住事物的实质和核心，避免从表面出发，被假象所蒙蔽。

2. 教师思维的独立性和批判性

思维的独立性表现于教师善于独立地思考问题、分析问题和解决问题，不依赖、不盲从、不武断、不孤行。所谓批判性指善于冷静地思考问题，不轻信、不迷信“权威”的意见。能有主见地分析评价事物，不易被偶然暗示所动摇。在教育教学中教师学习和借鉴别人的先进经验和教法，是必不可少的。但局限于此还不行，必须有自己独立的见解，善于结合教

育教学实际，不断尝试改革和创新，一味地人云亦云，随波逐流，模仿他人，自身就不会提高。教师只有不断地超越自己和他人，才能提高自身的教学能力。

3. 教师思维的逻辑性

思维的逻辑性表现于教师在考虑和解决问题时思路鲜明，条理清楚，严格遵循逻辑规律。具体来说，教师在教学中提出问题明确，不模棱两可；推理严谨，层次分明；论证充分，有的放矢，有说服力；结论论证确凿。教学程序的安排、讲解及重点、难点、疑点的确定要言必有据，授课思路严密，层次清楚。

4. 教师思维的灵活性和敏捷性

思维的灵活性是指教师思考和解决问题时，思路灵活，不固执己见和习惯程序，善于发散思维，解决问题足智多谋、随机应变。表现在教学中，就是教师能根据课堂上出现的意外情况，快速灵活地找到解决问题的方法。

思维的敏捷性指思路来得快，解决问题迅速，又能当机立断，不优柔寡断、不轻率从事。在教学中教师能准确、全面、迅速地审视对象中的全部信息，包括表面信息和隐含信息，能清楚地理出信息中的规定性或启发性内涵，从而理解和把握对象，表现出教师思维活动的快速果断、灵活准确。教师对于学生瞬间的错误，必须在极短的时间内作出判定，并立即采取纠正措施。如果课堂上出现的问题，课后才意识到，那么就可能使学生形成错误的认知和理解，对完成教学目标产生障碍。教师思维的敏捷性的产生是以思维的其他品质为前提的。

5. 教师思维的创造性

思维的创造性是指在原有的基础上，运用新的方案或程序并创造出新的思维成果。它的具体表现特征：首先是求异性。这是思维中最宝贵的思维素质，其实质是创新。在教育改革中，求异思维显得特别重要。其次是敏捷性。即观察事物细致，迅速抓住事物的关键，并能很快作出反应，实现指向的转移，在他人不注意的地方发现新问题。最后是辩证综合性。是指思维的辩证综合能力，即把分析所获得的不同部分、方面、特点联系起来，作为一个整体加以研究的思维能力。

6. 教师思维的情感性

教师思维的情感性表现于教师上课时的情感对思维的影响。教师思维的情感性在教学过程中起着十分重要的作用。教师的精神振奋、情绪高涨，就会激发灵感，引发自身的创造性思维。教师的创造性思维又会给学生学习创造一个宽松、融洽的良好氛围。

课堂上发生意外情况，如纪律欠佳、外界干扰等，教师的情感就会随之发生变化，出现消极情绪，变化后情感将会导致教师出现抑制性思维。遇到这种情况时，教师要迅速地处理好问题，尽快恢复到正常的思维状态，不然就会影响目标教学的效果。

7. 教师思维的动态性

动态性思维是一种运动的不断优化的思维方式。现实世界是一个千变万化的开放系统，有物流、能流和信息流不断地运动。系统的产生和发展的过程就是它的动态性。它要求教师的思维活动在教育改革中，要以发展的观点来研究问题，研究它的历史、现状和发展趋势及发展变化规律。这是符合唯物辩证法的。因为客观现实是不断变化和发展的，人的思维方式和内容也随之变化。

良好的思维品质是教师思维臻于成熟的标志。在教学过程中，这些思维品质互为依赖、互相渗透，共同发挥作用，影响着思维和教学的质量。

三、教师思维能力的培养

1. 教师要富有好奇心

好奇心是人们对新奇事物进行探究的一种心理倾向，是推动人们主动积极地去观察世界，展开创造性思维的内容动因，它可以转化为动机与求

知欲。很多人往往认为只有儿童才有好奇心，其实不然。很多在人类文明史上作出杰出贡献的科学家都有强烈的好奇心。正是强烈的好奇心，使他们从司空见惯的现象中发现了问题，进而大胆置疑、猜疑、寻根问底，最后获得了科学研究的成功。

教师要具有思维的创造性也必须具有好奇心。有了好奇心，教师会更加热爱生活，兴趣才会更加广泛；也才会使教师的感知觉变得特别敏感，能敏锐地觉察课堂中瞬息的变化和尚未解决的问题，通过左思右想，涉猎广泛的领域，从离得很远的领域中获得启示，从而使问题得到解决。

2. 教师要注意提高语言表达能力

从思维与语言的关系来看，思维是借助于内部语言在头脑中进行的一种心理过程。内部语言不像外部语言那样，要求很强的逻辑性与条理性，它通常是以简化、压缩、跳跃的形式出现的。由于这种特点，可使思维变得不连贯，不合乎逻辑，模糊不清，也可使思维快速进行。如果教师能经常把内部语言转化为外部语言，由外部语言再转化为书面语言，那么，教师的思维能力必将得到迅速的提高。

3. 教师要掌握思维的一些基本方法

思维有很多类型，根据思维的抽象程度，思维可以分为直观动作思维、具体形象思维和抽象逻辑思维。根据思维探索答案的方向的不同，思维可以分为辐合思维与发散思维。根据思维得出的结论是否经过明确的思考步骤，可以分为直觉思维与逻辑思维。不同的思维方法对于思维能力的发展有不同的作用。因此教师掌握多种思维方法，可以促进思维能力的提高。

第三章　优秀教师的自我意识

教师的自我意识是指教师对自己的认识和态度，对自己及与周围人之间关系的认识和态度。它强调的是教师在职业生活中所表现出来的对自己及与周围人之间关系的认识与评价、情感体验和自我调控。

一个人越有自我意识，就越能够变得既有自发性又有创造性。相反，人的自我意识越弱，他就越缺乏自由，只能被动适应而不是以积极创造的方式来对待生活和生命。教师的自我意识对教师的教育教学工作和自身的专业发展起着关键的作用。

第一节　教师自我意识的内涵、意义和类型

从心理学上来说，自我意识是个体内在的一种重要心理结构，是个性的一个重要组成部分，是一个人个性成熟的标志，同时也是整合、统一个性各个部分的核心力量，对人的认识及相关行为活动起着重要的调节和监控作用。自我意识水平还影响和制约其心理健康和行为选择，影响着人的发展。

一、教师自我意识的内涵

“自我”的概念是多义的。如何确定“自我”的内涵是心理学家一直关注的问题。美国心理学家詹姆斯曾把“自我”分为主体我和客体我，即把自我一方面当作主体理解，它能够认识客观现实和自己；另一方面又把它当作活动对象或内容。此后，许多心理学家沿用了詹姆斯对“自我”的解释。每个人都有“自我”，它是生理的、情绪的、智能的、意志的特征集结于每个人自身的独特表现，它是一定社会关系的反映，是个体生活历程的写照。

“自我”是人的属性，它存在于有目的、有意识的主体之中。正是它推动着人不断地劳动，不断地奋斗，不断地创造，不断地去追求长远而崇高的目标。

自我意识是指个体对自己所作所为的看法和态度，包括对自己的存在以及自己对周围的人或物的关系的意识。教师的自我意识与一般人的自我意识有共同点，但它更强调教师在教育情境中，在从事教师职业中所表现

出来的对自己及自己与学生、同事、领导、学生家长之间关系的认识与评价、情感体验和自我调控等特点。

在教育情境中，教师对自己的躯体特征、能力、性格特点及社会价值等方面的自我认识，对自己在社会上、人际交往中、学校内的名望、地位、作用，自己拥有的各种社会关系以及对自己所承担的社会义务和责任、权利的意识，对自己的性格、气质、能力、信念、理想、兴趣等诸方面心理特点的意识，直接影响着他的自信心、自豪感、竞争意识及对智慧、能力、心灵成长的追求。

每个人对自身都有特殊的情感体验，即自我体验，它是伴随自我认识产生的内在感受，它以体验的形式表现出人对自己的态度。在从事教师职业中，教师的自我体验主要涉及“我是否满意自己和自己的工作”、“我能否悦纳自己”等有关自爱、自尊、自卑、责任感、优越感、义务感、内疚感等内容。教师是一种要求高自律性的职业，“为人师表、以身作则”是其集中体现，这需要教师有很强的自我调控能力。

教师的自我意识有不同层面的表现。教师从自己的立场出发，受教育环境熏陶影响，在与教育环境相互作用中所表现出来的综合的现实状况和实际行为的意识称为现实自我，它是教师对自己目前实际状况的真实反映。教师想要达到的，将来在教育事业发展上的期待、抱负、成就以及自己想成为一个什么样的教师是理想自我。在此，理想自我是教师专业成长追求的目标，不一定与现实自我一致。理想自我虽非现实，但它对个人的认识、情绪和行为的影响很大，是个人行为的动力和参考系。

二、教师自我意识的意义

个体具备良好心理素质的最重要的标志是对自我的接受和认可，即有成熟的自我意识和健康的自我形象。自我认识、自我评价、自我控制如何，直接影响着个体的社会适应、身心健康和工作成就。

1. 健全的自我意识是教师心理健康的重要标志

英国心理学家理查德博士 1997 年在总结归纳前人大量关于心理健康标

准研究之后，提出心理健康的九条标准，其中三分之一以上都是关于自我意识：自我接纳，但不是自我陶醉；自我认识；自信心和自制能力；清晰洞察现实情况；勇敢，遇到挫败时不会一蹶不振，恢复原力；平衡和进退有度；关爱他人；热爱生命；人生有意义。

许多西方和东方的心理学家在界定心理健康标准时，不约而同地将自我认识作为主要的指标。可见，心理健康的教师必然是对自己有客观认知，能够接纳自我，有很强的自尊。但那不是自以为是或自我陶醉。人必须首先去爱和尊重自己，才能真正地爱其他人。

心理健康的教师能够清楚地认识自己，尤其是在自己的感觉和意图方面，自我觉察力特别强，能够悦纳自己和学生，对工作的问题和学生的错误能欣然接受予以处理，并能及时调整和满足自己的愿望。

2. 良好的自我形象是教师教育教学成功的基础

自我意识客观的人自我形象健康，对自己有合理的期望，满足从容，处事积极，善于利用每一个成长的机会，改进自己；与人交往能真情流露，展示自己的内心世界，容易与人建立深厚的情谊。他们对自己充满信心，能独立地处事，也能作出恰当的自我表达。他们相信自己的生命基本上是有把握的，即拥有内在控制的能力。

同时，他们亦感到自己有能力达到个人的目标。自我形象不仅影响人的心理健康，而且影响人的成就水平。正如美国心理学家马斯洛所指出的那样，一个有稳固基础的自我形象是迈向自我实现的先决条件。一般而言，人有自尊心才能尊重别人，有自信才能相信别人。而偏低的自我形象往往隐含在许多精神病症里。自我意识健全的教师，倾向于以积极的方式看待自己，能够准确地、现实地领悟自己所处的教育环境，对他人有深切的认同感，对学生有爱心，也具有自我满足感、自我信赖感、自我价值感。

3. 正确的自我概念是教师心理健康的保证

研究表明，自我概念与心理健康存在密切关系，消极自我概念容易诱发忧郁、强迫、人际关系敏感、精神疾病等不健康的心理。心理疾病的发生与其自我认同程度、自我接纳程度和自我调节能力存在显著关系。

4. 自我意识是教师专业发展的前提

教师的良好自我意识是教师专业素质的重要构成部分。教师对其专业活动所抱有的知识、观念和价值是其自我意识的重要部分。形成健康的自我意识，正确认识和把握自我，是把握自己的前提；是教师充分地发展自己的优势，回避自己的劣势，最大限度地发展自己的潜力，提高自己的专业化水平，取得教育成功的基础。教师的自我意识对教师专业发展的制约作用是十分明显的。

如果教师对教育现实中要达到的专业发展水平有比较正确、积极的认识，有充分的心理准备，在教师专业发展的道路上，他们就能善于总结经验教训，善于进行积极的调节，保持谦虚谨慎、不骄不躁、乐观自信的心境，使自己的专业发展水平不断提高，使自己逐步成为“教育专家”。

如果教师对自己的专业发展期待过高，企图通过常规的、习惯了的或简单的努力，去实现专业的发展，就会往往导致失败，产生挫折感，挫折感积累后又转化为自卑和自我否定。

如果教师对现实中的自我不满意，往往会产生怀疑、否定、压抑自我，拒绝接纳自我，排斥自我的心理倾向。对自我的否定会降低教师的自我要求水平，导致对个人潜力的怀疑，制约自己对事业的憧憬和专业发展的追求。

如果教师对现实中的自我过度高估，过分自负以致形成虚妄的判定，在专业发展的道路上，不恰当地估计自己的能力，对自己提出难以企及的目标。一旦奋斗目标不能实现，又往往一蹶不振。盲目的自尊，超常态的虚荣心，极强的心理防卫，会使人自吹自擂，或认为别人嫉妒自己，并常常会发展出新的心理与教育行为上的障碍。

三、教师自我意识的类型

由于每个教师在个人的社会背景、生活经验、智力水平、追求目标等

方面存在差异，教师自我意识存在以下几种结果或类型：

1. 自我肯定型

自我肯定即积极的自我意识的统一，是指正确的理想自我，既符合社会需求，经过自我努力又可实现。此外，对现实自我的认识比较清晰、客观、全面、深刻。理想自我和现实自我能通过积极的斗争达到积极的统一。统一后的自我完整而强有力，既适应社会发展的需要又有助于自身成长。自我肯定型在教师中占绝大多数。

2. 自我否定型与自我扩张型

自我否定的教师对现实自我评价过低，理想自我与现实自我差距甚大，或差距虽不大，但缺乏自我驾驭能力，缺乏自信，不但不接纳自己，反而拒绝自己，甚至摧残自己，即个人不肯定自己的价值，处处与自己为敌。他们不是通过积极的改变去实现理想自我，而是在一定程度上放弃理想自我，趋同现实自我，以求得自我意识统一，其结果则更为自卑。

自我扩张的教师对现实自我的认识和评价过高，虚假的理想自我占优势，认为理想自我的实现轻而易举，于是理想自我和现实自我达到虚伪统一。而他们喜盲目自尊、爱慕虚荣、心理防卫意识强，可能容易产生心理变态和行为障碍。

自我否定与自我扩张型教师的共同特点是对自我评估不正确、理想自我不健全，缺乏实现理想自我的手段，形成后的自我虚弱而不完整，是一种不健康的统一。在教师中自我扩张型、自我否定型的人占极少数。

3. 自我萎缩型

自我萎缩型教师极度丧失或缺乏理想自我，对现实自我又深感不满，可又觉得无法改变。消极放任、得过且过；几近麻木、自卑感极强，从对自己不满开始到自轻自艾、自怨自恨、自暴自弃、孤独沮丧，甚至产生心理变态，最终把自己龟缩在极小的圈子里，自生自灭。

4. 自我矛盾型

自我矛盾型教师的理想自我和现实自我难以统一，对自己所作所为缺乏“我是我”的统合感觉，而产生“我非我”、“我不知我”的分离倾向，自我意识矛盾的强度大，延续时间长，自我认识、自我体验、自我控制缺乏稳定性和确定性，内心不平衡充满矛盾和冲突，新的自我无从统一。自我矛盾类型大多表现在青年教师中。

四、教师良好自我意识的标准

自我意识在人格形成和人格结构中占有极重要的地位，人的认知、情感、意志都受到自我意识的影响。一个好的教师首先是一个有独特人格的人，是一个具有健全自我意识的人，是一个知道运用“自我”作为有效工具进行教学的人；形成和完善教师的良好自我意识、对教师人格成熟和专业发展具有特殊的作用。

衡量教师的自我意识是否健全很难，但可以从以下几个方面来参照：

（1）有健全自我意识的教师应该是一个自我肯定、自我统合的人。

（2）有健全自我意识的教师应该是自我认识、自我体验、自我调节协调一致的人；

（3）有健全自我意识的教师应该是独立的，同时又与外界保持协调的人；

（4）有健全自我意识的教师应该是一个主动发展自我，且自我具有灵活性的人；

（5）有健全自我意识的教师是心理健康的人，不仅自己能健康发展，而且能促进学生健康成长。

第二节　教师自我意识缺陷和调适

通过上面的介绍，我们知道，教师自我意识的缺陷主要是过于追求完美、过度自卑、过度自我接受和自我中心几个方面。下面就对各种教师自我意识的缺陷进行介绍，并给出相应的调适方法。

一、过分追求完美

教师不能客观地认识和评价自我的情况很多，最突出的是对自我的苛求和追求完美。尽管“人皆有爱美之心”，也有“追求完美之心”，这是人类健康向上的本能。但过分追求完美则易引起自我适应障碍。

1. 教师过分追求完美的表现

追求完美的教师对自己持过高的要求，期望自己完美无缺，却不顾自己的实际状况。此外，他们不能容忍自己“不完美”的表现，对自己“不完美”的地方过分看重，甚至把人人都会出现的、人人都会遇到的问题都看成是自己“不完美”的表现，总对自己不满意，从而严重地影响了自己的情绪和自信心。他们对自我十分苛刻，只接受自己理想中的“完美”的自我，不肯接纳现实中平凡的、或有缺点的自我，其后果往往适得其反，使其对自我的认识和适应更加困难。其产生的原因有不真正了解自己，过分受他人期望的影响等。

2. 过分追求完美的调适方法

（1）树立正确的认知观念。

“人无完人”，人不可能十全十美，每个人都有优缺点。人既不会事事行，也不会事事不行；一事行不能说明事事行，一事不行也不说明事事不行；优点和缺点不能随意增加或丢掉，成功失败也不是自说自定。一个人应该接纳自己，并肯定自己的价值，不自以为是，也不妄自菲薄。

（2）确立合理的评价参照体系。

人只有在比较中方能定出高低优劣。自我评价的方式不同对人的影响也不一样。合理的评价可以激发人的积极性，相反会压抑人的情绪。以弱者为参照会自大，以强者为标准则自卑。因而人应该选择合适的参照标准，更重要的是以自己为标准，按照自己的条件评定自己的价值。有的教师无形中重视了别人，贬抑了自己。人应该立足自己的长处，明了、接受并尽力改进自己的短处。成功时应多反省缺点以便再接再厉，失败时多看到优点和成绩，以提高自信和勇气。

（3）目标合理恰当。

在充分了解自己的基础上给自己制订恰当的目标和要求，目标要符合自己的实际能力，不苛求自己，不被他人的要求左右。虽然，每个人都不可能完全不顾他人对自我的期望和评价，但不能被他人的期望所束缚。事实上，个体越能独立于周围人的期望，其自我意识的独立性就越强，所遭遇的冲突也越少。

（4）接纳自己的不完美。

“尺有所短，寸有所长”，人各有自己的优缺点，每个人都是独特的，与众不同的。要学会欣赏自己的独特性，不断自我激励。

二、过度自卑

事实上，过强的自尊心和过强的自卑感是密切联系、互为一体的。那些自尊心表现得越外显、越强烈的人往往是极度自卑的人。自尊心、自卑感过强都会影响教师的心理发展和人格成熟。

1. 教师过度自卑的表现

自卑感是对自己不满、否定的情感，往往是自尊心屡屡受挫的结果。

过度自卑的教师自我认识不客观，往往只看到自我缺点而忽略了自我的长处，不喜欢自己，不能容忍自己的缺点和弱点，否定、抱怨、指责自己，看不到自己的价值，或夸大自己的不足，感到自己什么都不如他人，处处低人一等，丧失信心，严重的还可能由自我否定发展为自我厌恶，甚至走向自我毁灭。

在学校，人与人之间的比赛竞争是无法避免的。而且，如果从职称、能力、成绩、特长以及身体、容貌、家世、地位等所有条件相比，没有一个人是永远胜利或成功的。每个人在不同层面上都有他自己的成败经验，己不如人的失败感受人皆有之，只是程度不同而已。有些人在某些方面曾有自卑的倾向和感受，亦很正常。但有的教师过度自卑，斤斤计较于自己的缺点、不足和失误，结果因自卑而心虚胆怯，凡有挑战性场合即逃避退缩，或对自己所作所为过分夸张，过分补偿，恐天下不知，其结果捍卫的是虚假的、脆弱的、不健康的自我。

2. 自卑的六种模式

美国学者道波尔在经过大量的调查研究后发现，人们应对自卑时，主要存在以下六种不同的模式：

（1）怯懦型。

具有这类应对模式的人，心里早就有一种处处不如人的先入之见。总是承认自己毫无价值，谨小慎微，缄默、孤僻、矜持，认为避免“丢脸”的最好办法就是不说话。通常会畏缩于一隅，无精打采，对身边的事情漠不关心，对自己的失败听之任之。

（2）咄咄逼人型。

当一个人的自卑感十分强烈的时候，他的性格可能由羞怯型向斗士型转变。在教师中，可能存在这样一种情况：某些平时缄默、退缩的教师，在某一特定的时候会突然爆发出强烈的情感，做出一些不理智的事情，其行为通常会具有一定的破坏性和危害性。

（3）滑稽幽默型。

具有这类应对模式的人，常会用笑声或是讲笑话的方式来掩饰自己内心的自卑。

（4）否认现实型。

具有这类应对模式的人，企图通过逃避、酗酒等手段来达到沉湎虚幻、摆脱现实的目的，从而减轻内心的自卑感。具有这类应对模式的人虽不多见，但也应引起足够重视。

（5）随波逐流型。

具有这类应对模式的人，在社交场合害怕表达自己的观点，甚至放弃自己的观点，竭力寻求他人的赞许，以减轻内心的自卑感，这种人很可能最终成为逆来顺受的可怜虫。

（6）弥补型。

很明显，上述五种行为模式都有其缺陷，它们都只是对付自卑的权宜之计，而不是消除自卑的根本方法。而弥补型的人不会被缺点和挫折所吓倒，相反，他们在克服缺点、战胜挫折中，得以不断地发展和完善自我。他们能够正确地认识和发现自己身上的优缺点，加以发扬或克服，以利于取得进步和成功。

3. 过度自卑的调适方法

（1）应对其危害有清醒的认识，有勇气和决心改变自己。

（2）应客观、正确、自觉地认识自己，无条件接受自己，欣赏自己所长，接纳自己所短，做到扬长避短。

（3）正确地表现自己，对自己的经验持开放态度，同化自我但有限度。

（4）根据经验，调整对自己的期望，确立合适的抱负水平，区分长期目标和近期目标，区分潜能和现实表现。

（5）对外界影响保持相对独立，正确对待得失，勇于坚持正确的，改正错误的。同时保持一定程度的容忍。

三、过度自我接受

自我接受是指自己认可自己、肯定自己的价值，对自己的才能和局

限、长处和短处都能客观评价、坦然接受，不会过多地抱怨和谴责自己。自我接受是心理健康的表现，过度自我接受是自我扩张的表现。

1. 教师过度自我接受的表现

过度自我接受的教师往往高估自我，对自己的肯定评价往往有过之而无不及。他们拿放大镜看自己的长处，甚至把缺点也视为长处，进而产生盲目乐观情绪，自以为是，既缺乏自我批评，又不允许别人批评，以自我为中心，唯我独尊。

这样的人回避或否认自己的缺点，缺乏自知能力，不能与人和谐相处，容易失败，也容易受伤害。而且过高自我评价还会滋生骄傲，对自己易提出过高要求，会因为承担无法完成的任务、义务而导致失败。

2. 过度自我接受的调适方法

每个教师都有强烈的自尊心，争强、好胜、不甘落后，这也是取得教育成功的必需。自尊心强，对自己有信心，相信自己能克服缺点，取得进步，这不是自大。但过强的自尊心却和骄傲、自大等联系在一起。要克服过度自我接受必须做到：

（1）看到自己的不足，承认自己也需要不断完善。

（2）要看到他人的长处，欣赏他人的独特性。

（3）多与他人交往，以开放的心态尊重和认真对待来自他人的反馈意见。

四、自我中心

1. 教师自我中心的表现

自我中心的人凡事从自我出发，不能设身处地进行客观思考。只关心自己，一事当前先替自己打算，不顾忌他人的感受和需要。他们往往颐指气使，盛气凌人，处事总认为自己对、别人错，好把自己的意志强加于人。因而他们不易赢得他人的好感和信任，人际关系多不和谐，行为做事难以得到他人帮助，易遭挫折。

2. 克服自我中心的方法

（1）摆正自己的位置，既重视自己也不贬抑他人，自觉地把自己和他人、集体结合起来，走出自我的小天地。

（2）实事求是、恰如其分地评估自己，既不高估自己，也不妄自菲薄。

（3）学会移情，设身处地地从他人的角度思考问题，尊重他人的感受、关心他人。

从上面的分析我们可以看到，教师自我意识中存在失误、偏差，必须加以调整。只有认识到这一点，才有可能去面对它、正视它，并争取解决它，以达到自我真正的统一。

第三节 认识和悦纳自我

教师自我意识的完善，具体地分为三个层次：第一个层次是正确认识自我、恰当评价自我、积极悦纳自我；第二个层次是充分展示自我、有效控制自我；第三个层次是不断完善自我和实现自我超越。在接下来的三节里，我们分别对这几方面进行介绍。

一、正确认识自我

美国心理学家约翰和哈里提出了关于自我认知的窗口理论，被称为“乔韩窗口理论”。他们认为人对自己的认识是一个不断探索的过程。因为每个人的自我都有四部分：公开的自我、盲目的自我、秘密的自我和未知的自我。通过与他人分享秘密的自我，通过他人的反馈减少盲目的自我，人对自己的了解就会更多更客观。

正确认识自我是建立健全自我意识、接纳自我、完善自我的基础，它有利于调适现在的我和构建未来的我。教师应经常解剖自己，反省自己，学会观察自己的内心世界，对自己的心理状态进行分析，评价自己的个性、能力和爱好，了解自己的长处和弱点，反省自己在教育教学行为实施过程中的不足与收获，以便有的放矢地进行自我调节。下面介绍正确认识自我的三种方法：

1. 比较法——从我与人的关系认识自我

教师通过将自己与同事作比较是认识自我的一条重要途径。他人是反映自我的镜子，与他人交往，是个人获得自我认识的重要来源。与其他教师产生心理上的认同感，可以加深对自身特点的认识和了解，认识自己教育教学的实际水平及在教师群体中的地位，找出自己的差距和努力方向。但是在和人比较的过程中应该注意比较的参照系：

（1）跟别人比较的是行动前的条件，还是行为后的结果？

（2）跟人比较是看相对标准还是绝对标准？是可变的标准还是不可变的标准？

（3）比较的对象是什么人？是与自己条件相类似的人，还是个人心目中的偶像或极不如己的人？

确立合理的参照体系和立足点对自我的认识尤为重要。比较的视野越广阔，方法越科学，自我的位置就定得越恰当，越能合乎实际地确定自己的专业发展目标，制订切实可行的行动计划。

2. 经验法——从我与事的关系认识自我

从我与事的关系认识自我，即从我做事的经验中了解自己。一般人通过自己所取得的成果、成就及社会效应来分析自己，却又常受成败经验的限制。其实任何一种活动都是一种学习，不经一事，不长一智。成败得失，其经验的价值也因人而异。

对聪明又善用智慧的教师来说，成功、失败的经验都可以促他再成功，因为他了解自己，有坚强的人格特征，善于学习，因而可以避免再蹈失败的覆辙；而对于某些自我比较脆弱的教师，失败的经验更使其失败，因为他不能从失败中吸取教训，改变策略追求成功，而且挫败后形成怕败心理，不敢面对现实去应付困境或挑战，甚至于失去许多良机；而对于有些自我狂大的教师而言，成功反可能成为失败之源，他们可能幸得成功便骄傲自大，以后做事便自不量力，往往遭受失败。因此，一个教师由成败经验中获得的自我意识也要细加分析和甄别。

3. 反省法——从我与己的关系中认识自我

古人曰："吾日三省吾身。"教师可以从以下几个"我"中去认识自己：

（1）自己眼中的我。

个人实际观察到的客观的我，包括身体、容貌、性别、年龄、职业、性格、气质、能力等。

（2）别人眼中的我。

与别人交往时，由别人对你的态度、情感反映而觉知的我。不同关系的人对自己的反应和评价不同，它是个人从多数人对自己的反应中归纳出的统觉。

（3）自己心中的我，也指自己对自己的期许，即理想自我。

我们还可以从实际的我、自觉别人眼中的我、自觉别人心中的我等多个我来全面认识自己。

二、恰当评价自我

自我评价是指通过对自己的感知、所思所想，对自己的想法、期望、品德、行为及个性特征的判断与评估。

自我评价是自我调节的重要因素。对自己的愿望、动机、行为和人格品质的评价，关系到个人参与社会的积极性，也影响到协调社会中的人际交往关系。

自我评价可以是正确的，也可以是不正确的。正确地、客观地认识和评价自己存在的价值和自己的所作所为，就能够处理好个人与社会、与他人的关系，这有利于发扬优点和克服缺点，使自己的人格得到健全发展。

对自己的评价过高或过低，不能全面地、恰如其分地评价自己的心理生活和行为，势必不能发扬长处，也不利于克服弱点，从而造成自己在人际关系方面的不适应。如果只看到自己的不足，觉得处处不如人，就会丧失信心，遇事畏缩不前，可能使人形成怯懦、沉闷、无生气等特点；如果一个人只是看到自己的长处，认为自己处处都比别人强，自我陶醉，孤芳自赏，这样的人容易形成盲目乐观、傲慢、固执己见、自以为是等不良人格品质，在人际交往中很难与他人相处。

自我评价的标准是多种多样的，可以概括为如下三种：

1. 依据他人对自己的态度评价自己

个人对自己的评价往往是以其他人的评价为参照的。人们在相互交往中，不断地深化对自己的认识，也在认识、评价他人，同时在评价他人的过程中，也接受他人对自己的评价，并把它当作客观标准予以认同，加深着自我评价。

教师通过他人对自己的态度、期望、评价来发现自己难以发现的优点与缺点，并用教育活动的成果来认识自我。社会、学校衡量一个教师的价值主要是通过教育活动成果论定的，有效的教育活动成果表现在学生的发展上，它可以使教师进一步提高认识自我的能力，发现自我的价值，以良好向上的态度对待自己的生活、学习，以开朗的方式对待学生。教师对学生亲切关注、真挚期望、热情鼓励，被学生内化为自爱、自尊、自信就是实例。在教育实践中，这种现象普遍存在着。一个学生如果经常从家长和教师那里得到积极的情绪体验和深切的期望，就极大可能使自己的行为朝着所期待的积极方向发展；如果经常受到训斥和批评，这种消极的态度和认识，就有可能被接纳成为自我评价的标准。

2. 通过与自己条件相似的人比较来评价自己

人总是不断地从与同龄或类似于自己的人的比较中获得自我评价。在对大学生的一项实验中，让他们和另一些竞争对手一起讨论参加工作问题。在讨论前，大学生被试者都接受自尊测定，之后，有一半被试者看到的是衣冠不整、仪表一般的竞争对手；另一半学生所接触的则是仪表端庄、谈吐文雅之士。讨论后，实验者又对这些大学生作自尊测验，结果是：接触到仪表“比自己强”的竞争对手的被试者的自信心明显降低；而看到仪表不如自己的竞争对手的被试者，他们的自信心却大大地增强了。个人评价自己的能力、自己的道德品质、自己的价值，往往都是通过与他人的比较而实现的。

3. 通过分析自己的心理活动和行为评价自己

研究表明，自我评价并不完全以他人评价为依据，而是通过自我分析

独立完成的。一个人的自我评价不完全以客观评价为依据，既有个人认识上的原因，也受个人动机驱使。有的人成绩一般却自我欣赏；有的人成绩显著，却自感不如他人，自信心不足；有的人怕别人指责自己自高自大，从而低估自己。这些心态都足以影响对自己作出不符合实际的判断。

教师应该有意识地进行恰当的自我评价，通过分析自己的心理活动和行为评价自己。具体来说，教师一方面以自身为指向，即教师对自己的教育理念、态度、道德、价值观以及知识结构和能力水平的反思，也就是自我反思。另一方面以教学为指向，即教师对自己的具体教学行为进行评价和反思，包括对教学目标、教学内容、教学方法、课堂管理、对学生的反馈和评价等，也就是教学反思。

三、积极悦纳自我

每个人都知道“自我”是最重要的，可总有些人不真正地尊重自己、爱惜自己。有些教师可以喜欢学生、喜欢朋友、喜欢知识、喜欢自然，却不愿意喜欢自己，结果他们不快乐。实际上悦纳自我是发展健全自我的核心和关键。悦纳自我要做到以下几点：

（1）无条件地接受自己的一切，好的和坏的，成功的和失败的，接纳自己的缺点，欣赏自己的优点。

（2）喜欢自己、肯定自己的价值。对自己有价值感、自豪感、愉快感和满足感。

（3）接纳自己的不完善和失败。

接纳自己的不完善也是自信的表现，也是完善自我的起点，因为每个人在外表、能力、个性方面都有一定的限制，对过去的错失不要耿耿于怀，要勇于大胆尝试。

（4）珍惜自己的独特性，建立实际的目标，不对自己有过高的要求，扩大社交圈子，不为讨好他人而去做事，积极思想，善用时间，不断学习，定期反省个人的自我成长，多对自己的成就作出鼓励和奖赏。

第四节　展示和控制自我

教师在做到正确认识自我、恰当评价自我、积极悦纳自我的基础上，就可以进行自我的展示和控制，经历了这一步之后，才谈得上实现自我的完善和超越。

一、充分展示自我

一般来说，人们并不是自发地、随意地进行活动，往往是有意识地修饰自己的形象，不断地调整自己的行为，以便给别人留下一个良好的印象。这种在交往中认真地、有意识地公开自己，向别人传递自己个人的信息，即称之为“自我展示”。

1. 教师自我展示的意义

自我展示是教师表达感情和才华的一种渠道，也是亲密师生关系的重要因素。在教学过程中，学生会因为佩服或崇拜某位教师而喜欢他教的课程，甚至与他有关的一切，并愿意亲近教师，从而提高教育教学效果。而对教师的崇拜源于教师的才华、人品和丰富的情感，所有这些信息都是需要通过教师的自我展示才能被学生感知。

自我展示是教师健康人格形成的基础。很多教师都体验到，由于自己不能向别人恰当展示自己而烦恼。在临床上发现，许多寻求心理治疗的人，都是由于没有及时向他人展现自己。心理学家杰拉德认为：“不健康的人格有一些相似的原因，他们常常不能让别人了解他，最终，他自己也不了解自己，他自己不再是自己。另外，他总是避免被别人了解，他就会

产生像患了癌症一样的紧张，这种紧张会引起精神病学所谈的不健康人格，也会引起身心医学所说的躯体疾病。”一些学者根据材料分析认为，不能自我展示的人是不健康的，但“过分开放”也是不健康的。具有健康人格的人能因人因时地恰当地展示自己。

2. 教师自我展示的对象

据研究分析，在自我展示中，向女人比向男人更容易展现自己，但由于所谈论的问题不同，也可能显示不出这种差别。此外，我们向相似于我们的人，尤其是我们熟悉的人，更容易展示自己。另外，我们对地位相同的人更愿意展现自己，如果有地位差别，更容易向地位高的人而不是向地位低的人展示自己。但教师却恰恰相反，教师职业决定了教师无论从知识还是“地位”都要高于学生，并必须恰当地向他们展示自我。

3. 教师自我展示的时机

展示自己是一种智慧，也是一种技巧，同时还和知识、信心、性情等多种因素有关。教师在自我展示的过程中应该考虑客观情况，注意学生的反应。如果在教育教学过程中，在教师自我展示的同时，学生也进行自我展示，这就表明学生愿意与教师亲近，接受教师的教育和教导。人的身体外部表现和言语都可以表现交往的积极性。如果对方身体前倾，侧耳倾听，同你保持目光接触，这是愿意倾听你的讲话。语言在自我展示中起传递信息的重要作用。

但有的人可能不习惯于用言语表达，他不说或少说这不一定对你的展示不感兴趣。在自我展示的对方如果出现目光接触减少，或有茫然不理解的表情，或将身体倾向其他方向，增大与你的距离，这说明对你的展示已产生了厌烦情绪。在师生交往中，时时注意对方的反应，调整自我展示，是有效教学的必要条件。

二、有效控制自我

自我控制是人主动地改变自己的心理品质、特征及行为的心理过程，是健全自我意识、完善自我的根本途径。很多教师对自我抱有很高的期望，但因为没有足够的自制能力和意志，经受不住挫折和打击，无法实现自我理想。每位教师应根据自己的实际情况和社会需要，确立合适的抱负水平，通过自我奋斗，达到自我实现和自我成功。

自我调控是主观作用于客观的心理过程。一个人的自我意识是否健康正确，也最终从自我调控的外部行为中得到外化，在这个过程中，人的意志品质起着重要作用。教师在实现专业的路途上，既有各种本能欲望的干扰，还充满着各种外部诱惑的侵袭。本能的欲望常令人背弃理智，如贪图安逸、追求物欲、趋利避害等。一个教师要想在专业上有所发展，就必须能够抵制诱惑，主宰自己的行动，学会自我控制。

自我控制的动力来源，在于从根本利益和长远利益上去看问题，不被表面的、暂时的利益所诱惑。在决定做什么的时候，善于强迫自己去做应当做的事情，克服妨碍这样做的愿望和动机。

教师在进行自我控制的过程中，要充分发挥自我控制系统中四个环节的作用。第一，要意识到社会的要求，并力求使自己的行动符合社会要求准则，激起自我控制动机。第二，能准确地从知识库中检索与认识和改造与客观现实有关的知识，同时正确地评价自己运用这些知识的可能性。第三，制订旨在完善和提高自己行动的相应计划和程序。第四，在行动中运用诸如自我分析、自我体验、自我鼓励、自我监督、自我命令等各种激励手段。

心理学家马斯洛在研究人的自我实现时，有针对性地提出了调控自我的七点建议：

（1）把自己的感情出口放宽，莫使心胸像个瓶颈。

（2）在任何情境中，都尝试从积极乐观的角度看问题，从长远的利害作决定。

（2）对生活环境中的一切多欣赏、少抱怨，有不如意之处设法改善，坐而空谈不如起而行动。

（4）设定积极而有可行性的生活目标，然后全力以赴求其实现，但却不能期望未来的结果一定不会失败。

（5）对是非之争辩，只要自己认清真理正义之所在，纵使违反众议，也应挺身而出，站在正义一边，坚持到底。

（6）莫使自己的生活僵化，为自己在思想与行动上留一点弹性空间，偶尔放松一下身心，将有助于自己潜力的发挥。

（7）与人坦率相处，让别人看见你的长处和缺点，也让别人分享你的快乐与痛苦。

第五节　完善和超越自我

加强自我修养，不断进行自我塑造，达到完善自我、超越自我的境界是健全自我意识的终极目标。健全自我的过程也是一个不断完善自我、超越自我的过程。

一、不断完善自我

不断完善自我，使自己有一个理想化的自我，是教师自我意识发展中面临的重要任务。教师要完善自我应做到以下几点：

1. 提高对自我的认识

提高对自己以及自己和周围的人或物的关系的认识；正确认识自己的地位、身份，以及社会、群体对自己的期望和要求；认识自己人格的特征和心理发展水平，以及如何运用自己的独特特点，创造性地做好教育教学工作。

2. 明确教师角色的要求

自我意识在社会化的过程中有多种表现形态，有些是消极的，如虚荣心、嫉妒心、自卑、窘迫、胆怯、畏缩、妄自菲薄、自暴自弃等。这些心态，会使人认识模糊，意志钝化，在事业上一事无成。有些是积极的，如自尊和他尊、责任心和义务感等，这些心态是自我成熟的表现，也是教师必备的素质。

自尊和他尊意味着使自己受到社会、他人的尊重，自己也尊重别人。

自尊和他尊使人自爱自信、自强，维护人格尊严。自尊和他尊的完美结合，才能克服自我陶醉、固执己见和妄自尊大的倾向。责任心和义务感体现在完成道德任务时持认真负责的态度，在实践中实现诺言，积极主动地尽到自己的职责。在诸多品质中，教师应该培养优良品质，从消极的心态中摆脱出来，不断地完善自我。

3. 培养奋斗意识

完善自我是和一个人对其所从事并为其所热爱的事业的奋斗意识分不开的，只有奋斗才能使人胜不骄、败不馁，不断克服前进中的障碍，最终到达彼岸，成为事业成功的人。

4. 确立合理的专业发展目标

每位教师都有很高的抱负和远大的理想。要立足于现实，在现实的基础上，结合自己和环境的特点，确立正确的专业发展目标。目标是力量的源泉，应给自己设计可望可及又难及的目标。一旦达到目标，就会激发出进一步成长的愿望，从而再制订下一个目标。这种良性循环就会成为教师在专业发展上奋斗不已的源泉和动力。每个教师都应有紧迫感和危机感，及时调整自身的心理平衡，尽快适应新的角色。有了压力，才能真正行动起来，更好地塑造自己、完善自己，不仅拥有系统的专业知识，更拥有健康的人格、良好的心理品质。

5. 积极行动

教师的专业发展能否最终得到体现，关键在于行动。在行动时，无论对人对事，均全力以赴，使自己的能力品性得到最大限度的发挥。行动之后再反省得失原因，吸取教训作经验，再度投入行动，一旦有所成果，便再反省总结。如此往复进行，自我便一步一步得到扩展深化，自我的境界也就自然而然得到开拓与提升。

完善自我、超越自我并不是一帆风顺的过程，它需要付出艰辛的努力和沉重的代价。自我完善也是一个“新我”形成的过程，是从“小我”走向“大我”，从“昨天之我”向“今日之我”、“明日之我”迈进。珍惜已有的自我，追求更好、更高的自我，做一个“自如的、独特的、最好的自我”。在专业发展的行动中，必然会有许多干扰因素，会遇到很多挫折、失意，只有努力提高自己的耐挫力，用意志来战胜困难，进行执着不懈的、卓有成效的努力，才能发挥出自身的潜能，达到自己确立的目标。

二、实现自我超越

自我超越并不只是意味着为社会、为他人作奉献，也是“超越自己而成为自己的过程”。“自我”是在超越自我的过程中不断得以发展的。如果一个人希望对他人有所奉献，他就会精神焕发地指向既定的目标，怀有深厚的情感，进行沉思，为达到目标不断地调控自己的行为。在这个过程中，他会获得种种技巧，扩展了能力，丰富了思想，使“自我”得以发展。一个正常人身上总是存在着某些未被揭示的、还未实现的自我超越的可能性。如何挖掘这种潜力是值得考虑的问题。

1. 充分利用生物学的物质潜能

脑是心理的器官，心理是脑的机能，脑为自我超越提供了无限发展的可能性。冯·诺伊曼在《计算机和人脑》一书中，把人的大脑皮层上的每个神经细胞比作计算机的一个记忆元件。就是说，人脑的 140 亿～150 亿个神经细胞，相当于 140 亿～150 亿个记忆元件。这些元件可以容纳 6000 万册或者 7000 万册的书本知识，可是我们现实生活中绝对找不到读过这么多书本知识的人。可见，我们大脑中神经细胞的利用率很低，挖掘物质潜能大有可为。

2. 发现和利用自己特有的潜能

人和人之间不只是有共同的生物学基础，还有与他人不同的独特的特性，如感觉器官的结构和功能，神经活动的特征等。这些都是个人成才的潜在力量。具有接受强烈刺激或持久工作的神经细胞的人，适于做顽强

的、有耐力的、经受住高度紧张而又极灵敏的工作；神经细胞的活动不够灵活的人，就较适合做持久而细致的工作。一个人能意识到自己的潜能，并把它发扬光大，是取得成功的重要条件。

3. 利用精神力量战胜惰性

一个人要想有所成就，干出一番事业，除了发现自己的特有潜能之外，还要发挥精神力量，克服惰性，超越自我。惰性可以使人放弃一切努力，甘愿停顿不前，或畏难中辍，惰性是成功的大敌，成功者的足迹表明，他们之中的每一位都是战胜了自己的惰性而超越了自我。他们的经验是：信奉名人名言，把它作为自己的座右铭；信奉自己从生活、学习、工作中所体验的那些有积极意义的真理；从内心中进行自我鼓舞；真正理解埋头苦干、“一分耕耘，一分收获”的真实含义；把超越自我意识贯彻到每一个具体行动中，积极进取，创造性地开展各项工作。

第四章　优秀教师的情绪调控

人非草木，孰能无情。情绪伴随人的生命活动的始终，参与人们的一切活动，影响人的活动效率和生活质量。同时，各种各样的情绪障碍，如焦虑、抑郁、易怒、嫉妒、冷漠、压抑等还会严重影响人们的身心健康。

近年来，有关教师的研究发现，教师的情绪困扰越来越多，这严重影响着教师的生活和工作；在教育教学工作中，教师因情绪不良或情绪失控而造成的教育教学事件也时有发生。因此，关注教师的情绪健康和提高教师的情绪调控能力有着极为重要的现实意义。

第一节　教师的情绪与情感

情绪与情感是人对客观事物和对象的态度体验。人对周围世界有不同的态度和体验，如愉快和高兴、忧愁与悲伤、激动和愤怒、恐惧与绝望、欣赏与爱慕、厌恶与憎恨等。所有这些喜、怒、哀、乐、爱、惧、恨，都是人对现实对象的不同态度和带独特色彩的体验形式，都是情绪和情感的不同表现形态。

一、情绪与情感

情绪和情感的产生是以客观事物和对象是否满足人的需要为中介的。需要是被人感受到的维持个体和社会生存发展的必要事物在人脑中的反映。人的活动总是指向于满足某种机体的、社会的、物质的、精神的需要。长期的生活条件和社会实践活动使人形成了不同的需要。因而，那些不同的甚至相同的事物和情景，能引起人产生不同的态度和体验。通常那些满足人需要的对象，就引起各种肯定的态度，产生满意、高兴、喜悦、爱慕的情绪；反之，那种妨碍需要得到满足的事物和对象，就会引起否定的态度，产生痛苦、忧愁、厌恶、恐惧、憎恨的不快之感。

情绪是人对客观事物是否符合或满足自己的需要而产生的一种内心体验，但情绪并不是由客观事物或需要直接、机械地决定的。作用于人的客观事物与人的各种需要的联系是发生在认知活动之中的，只有通过认知活动对客观事物进行判断与评价，人才会产生情绪。所以，认知过程是产生情绪的基础，同样的事物对不同的人或在不同的时间、情景等条件下出现，就可能被作出不同的评价，从而产生不同的情绪。例如，同样是患了重病，有的人情绪平静，有的则激动不安、忧郁焦虑。

二、教师情绪情感的特点

情绪是人类自然属性和社会属性的综合反应。教师情绪既反映人的自然属性，又受教育教学要求的影响和制约，表现出教师的职业特点。教师情绪具有稳定性、激动性、感染性和暗示性等特点。

教育工作的最大特点就是以情感人，因此对教师的情感情绪有着较高的要求。教师职业的特殊性使教师的情感表现有其特殊性。

成熟而稳定是教师情感在形式上的特点。一个人情绪的成熟是通过社会化过程完成的。个体在成长过程中，使自己能按照社会的要求来调节与控制自己的情绪，并能对自己的活动进行合乎情理的评价，从而恰当地表达出自己的情感，达到这样的水平就是情绪成熟的表现。情感在很大程度上是人的行为自发地形成的动力。因此它需要人们要有目的有意识地加以控制。

三、教师情绪情感成熟的标准

人非草木，孰能无情，人们都会有高兴，有悲哀，有兴奋，有沮丧。人生就是在情绪的波动中度过的。教师对于由各种因素的影响而产生的不同内心体验，应该具有较强的调节与控制的能力。

赫洛克提出情绪成熟的标准有四个：

（1）能够合理地控制因疾病引起的不稳定情绪；

（2）能预料行动的结果，控制环境；

（3）不压抑自己的情绪表现，而是将情绪升华到社会性的高度来对待；

（4）能够洞察、分析各种刺激情境，谋求情绪的自我稳定。

霍林·沃斯认为，情绪成熟有三个具体表现：

（1）情绪反应能力的差异。情绪成熟的人能较好地控制反应与抑制情绪的外部表现。

（2）延缓情绪反应的能力方面的差异。情绪成熟的人能够克制自己情绪的发作，抑制或延缓自己的情绪反应。

（3）自怜情绪反应的差异。情绪成熟的人在遇到类似刺激而产生消极情绪时，能够以自己的意志力来加以克制，不会轻易求助别人。

四、教师应具有控制情绪情感的能力

许多心理学家的调查研究表明，成熟而稳定的情绪是教师顺利完成教育教学工作的重要条件。教师特定的职业活动决定教师需要有成熟而稳定的情绪，也就是要有较强的控制情绪的能力。

我们的生活充满着情绪，有时欣喜若狂，有时焦虑不安，有时孤独恐惧，有时满腔怒火，有时悲痛欲绝，有时舒适愉快等。这一切使我们的生活时而阳光灿烂，时而阴霾密布，时而晦涩呆板，形成了一个五彩缤纷的心理世界。

情绪的多样性说明它是一个极其复杂的心理现象，有独特的心理过程，也有生理唤醒，主观体验和外部表现。因此，情绪最能表达人的内心状态，可以说它是人的心理状态的晴雨表。个体情绪的变化是伴随着个体心理活动过程产生的，也就是说，个体情绪的起伏和变化是有原因的。当一个人达到了追求的目标时，会感到成功的喜悦；而失去了已有的东西或权力时，会感到失败的痛苦。从心理学的角度看，情绪既是人的心理活动中动力机制的重要组成部分，也是个性形成的重要方面。

英国教育学、心理学博士戴维·方塔纳认为成功的教师的重要品质之一就是情感是成熟的、是比较稳定的。因为，教师每天要和许多个性迥异的学生接触，在授课和教育活动中可能出现与活动进程要求不符的偶发事件，甚至是讽刺挑衅。面对种种难堪的情境，如果教师的情感不成熟，不稳定，缺乏情绪的控制能力，那么就会不知所措，自我失控，急躁，盛怒而不能自制，甚至不分青红皂白，用惩罚的手段来对待学生，铸成一些不可挽回的错误，从而导致教育的失败，教师本人也会因此而情绪苦闷。所以教师无论在何种情况下，都要沉着镇静，能够控制情绪的激烈反应，对消极情绪的产生有较强的控制力。

五、教师积极情绪情感的表达

教育过程是一个人际交往和人际沟通的过程，教育效果在很大程度上取决于教师人际沟通的效果。在人际沟通的内容中，情绪与情感占有极大的比例。因此，如何充分发挥情感沟通的作用，准确地体会别人的情感和表达自己的情感，就成为决定教育效果的关键。这就是说，一个成功的教师不仅自己要具有积极健康的情绪、情感，而且要具备合理表达这种情绪、情感的能力。

表达情绪、情感的能力实际上就是合理使用各种沟通手段的能力。在情绪情感表达方面，应当充分发挥多种沟通方式的作用，做到语言沟通和非语言沟通紧密结合，其中特别要掌握各种非语言沟通的技巧，充分加以利用，这是提高情绪、情感表达水平的有效途径。具体说，应重点注意以下几方面：

1. 使用积极的语言给学生以鼓励

教师的语言能够给学生什么样的影响，取决于教师怎样运用语言。如当学生遇到困难，不知所措，对解决困难没有信心时，教师的“你试试看”或“你能行”会激发学生的取胜欲望，增强行动的信心和勇气。

2. 充分发挥表情的作用

表情，特别是面部表情，在传递情感的过程中起着十分重要的作用。人的面部表情是非常丰富的，据有关专家研究，人的面部表情可以多达2万种以上。教师必须掌握运用丰富的表情来表达自己情绪与情感的技巧，其中尤其是眼神的运用可以充分表达关爱，充满爱心的关注可以给学生以温暖和力量。

3. 利用动作表达积极情感

体态语言在表达情绪、情感方面具有重要的作用。人的四肢和躯干配合起来，可以传递十分丰富的情绪、情感信息。有时，老师在不经意间做出的一个动作，可能会给学生带来十分微妙的影响。例如，学生回答完问题后，教师微笑着点点头以示赞同和鼓励；以手轻轻下压，示意学生坐下，表示满意和爱护等。这些表情和动作都传递着教师的积极的情感和情绪。

4. 多种表达、沟通手段综合运用

在实际的教育教学过程中，各种沟通手段都是结合在一起发挥作用的。教师如能熟练掌握综合运用多种沟通手段的技巧，对提高教育教学效果将起到十分有利的促进作用。

第二节　教师情绪情感的功能

教师的情绪与情感，有着情绪与情感的一般功能，即会体现在所有对象身上的功能，只是其对象具体地变换为教师罢了；除一般功能外，教师的情绪情感，更主要是具有教育功能，这也是教师情绪情感功能的特殊性所在。

一、教师情绪情感的一般功能

1. 情绪影响教师身心健康

现代心理学、生理学和医学的研究成果表明，情绪对人的身心健康具有直接的作用，可以说情绪主宰健康。良好的情绪为快乐、和悦、乐观等，可使人体内环境保持平衡，给人带来健康的体魄，也有利于预防和治疗疾病。相反，忧郁、失望、悲伤等消极情绪会破坏机体平衡，影响身体健康。

与此同时，不良情绪对教师心理健康也有很大影响：分散和阻断注意过程；影响回忆过程；对思维过程具有瓦解作用；使人思维范围变得狭窄，形成像心胸狭窄、意志脆弱、过于争强好胜、个人中心、自我封闭、过于敏感、退缩和胆怯等不良的个性特征，并由此导致人际关系紧张，社会适应不良。

2. 情绪影响教师智力活动和智力发展

情绪对认知过程的影响既有积极的一面，也有消极的一面，这取决于

人们认知过程的心境状态。由于心境对认知的影响是弥散的，认知过程总伴随着认知体验，认知体验需要情绪体验的参与，情绪不仅影响认知过程的质量，而且还影响认知活动的效率。情绪积极时，认知过程也积极；情绪消极时，认知过程也消极。

有关研究表明，与心境一致的材料比与心境不一致的材料更容易记忆，这种现象称为“心境一致性效应”。因此，只有在良好情绪伴随下，教师才能进行有效的观察、记忆、想象和思维。焦虑情绪的研究表明，焦虑情绪过高或过低都不利于智力的发挥，只有适度的情绪紧张才会促进活动效率的提高。

3. 情绪影响教师人际关系

情绪是人际关系中极其重要的心理因素，它通过对人的认知和行为的影响对交往产生调控作用。

首先，情绪影响教师人际认知。人际认知是个体在与周围人的交往中，对自己、对他人及自己与他人相互关系的认知。它是交往的基础和前提，在一定程度上可以决定交往的对象、方式和策略，从而影响交往的效果。

在实际生活中，不少教师都有这样的体验：若情绪高涨、心境愉悦，往往看什么都顺眼、悦目，对自己和他人就易做出积极肯定的认知和评价；而若情绪低落、心境不佳，则往往看什么都别扭。另外，教师总是对自己所喜欢的学生作出较好的评价，罗列更多的优点而抹杀其他缺点；而对于自己不喜欢的学生作出较差的评价。可见，情绪使教师的人际认知染上了浓厚的主观色彩。

其次，情绪左右教师人际行为。情绪的动机—唤醒理论认为，情绪是属于唤醒、激活的一种持续状态，它产生动机作用并影响行为，成为行为的动力。情绪过程具有四种主要作用：激活诱发行为、维持行为、调整行为和组织行为。

在人际交往中，人们对于自己肯定的对象总是有更强烈的交往动机，在交往中也会表现得积极主动，当两个人谈得很投机时，眼神会很专注，双方常靠得比较近，这些举手投足的表现会使交谈顺利、和谐地进行下去。而对自己否定的对象，人们往往避而远之，表现得消极被动。当人们处于愉悦的心境时，在交往中可能会更有耐心仔细聆听别人的谈话，做一名忠实的听众；更有心情与别人交流自己的思想、情感；更可能在别人需要帮助时伸出援助之手。相反，当人们心境不佳时，在交往中对别人的谈话就可能失去兴致，给交往带来障碍，出现人际危机。

总之，积极的情绪反应，对教师的学习、健康和各种行为都有有益的促进作用，它能为肌体增添新的活力，充分发挥个体的潜力，而消极的情绪反应则会起到完全相反的作用。

二、教师情绪情感的教育功能

教师的情绪、情感不仅是教师个人的一种心理特征，而且是一种重要的教育资源。爱是教育的源泉，爱心是教育的最基本条件，爱心也是教育成功的原动力。可以说，一个教师是否具有积极的情绪与情感，是决定他能否成为一名合格教师的关键。

教师情绪与情感的教育功能主要表现在以下几方面：

1. 教师的积极情感是献身教育事业的动力源泉

教师的事业心不仅要以正确的教育理想和教育价值观为基础，而且要以教师在教育实践中所获得的大量的积极情感体验为基础。其中尤其是高度的责任感、事业心和对学生无私的爱，常常会成为教师献身教育事业的强大的动力源泉。

前苏联教育家马卡连柯曾说过："爱是一种伟大的感情，它总在创造奇迹，创造新人，唯有爱，教师才会用伯乐的眼光去发现学生的闪光点，才会把辛苦的教育工作当作乐趣来从事，它使教师感觉到每个儿童的喜悦和苦恼都在敲打他的心，引起他的思考关怀和担心。"

任何一位优秀教师在他的工作历程中都倾注了这份教育爱，正是由于对全体学生的爱，对每个学生所有方面的爱，甚至对品行后进生、学困生

和体育达标困难生的“教育偏爱”，使得他们赢得学生，赢得事业，也赢得了生命的成就。

2. 教师的积极情感是建立良好师生关系的重要基础

教师对学生的关心、接纳、理解、尊重等积极情感在良好师生关系的建立过程中起着至关重要的作用。具体地说，主要表现在以下几方面：

（1）根据人际交往规律中的对等律，教师对学生热情、亲切、关心、爱护等积极情感，必然会激发出学生对老师的尊敬与喜爱等积极的态度和愿意同老师接近和交往的倾向。

（2）教师愉快、乐观的情绪状态对学生会产生潜移默化的感染作用，使学生也能形成一种轻松、愉快的心境，这种心境会成为一种背景，使学生感到与老师的交往是件轻松愉快的事情，从而使师生交往的广度和密度都能得到加强。

（3）教师对学生的关心、理解、信任和耐心能够有效地转变学生以往对老师所形成的偏见或成见，使不良的师生关系得到改善。

当然，我们强调教师对学生要关心、爱护，并不等于说教师就不能生气、发脾气。前苏联教育家苏霍姆林斯基曾说过：“真正的教师是一种情感丰富的人，他同样强烈感受着喜悦、忧愁、激动和愤怒。问题在于，要让儿童感到教师这些人之常情当中，包含着正直，有道理。”

3. 教师的积极情感是取得理想教育教学效果的基本条件

“亲其师而信其道”，这是古已有之的一句名言，说明了教育效果与师生感情的关系。教师良好的情绪表现，可以使学生为了获取与教师交往的需要满足而努力完成学习任务。教师也会因为学生对他的爱戴、尊敬而更加倾心教育工作。教师良好的情绪表现是师生间人际关系主要的调节器。

良好的师生关系意味着学生在心理上趋近于教师，易于使学生模仿教师的思想、行为和接受教师的暗示。这不仅对学生知识的接受，而且对学生良好个性、情感、价值取向的形成和发展都能产生积极作用。

相反，如果教师带着消极情绪进入课堂，讲课心神不定，注意力涣散，语无伦次，直接影响教师对教育信息的传导，学生也会在教师不良情绪影响下注意力分散、精神紧张，大脑的兴奋受到抑制，影响学习积极性和学习效率，从而影响其对教育内容的有效接收。学生的消极反应又反过来影响教师的情绪，甚至影响正常的教学。

可见，在教学中，教师积极的情感能创造生动活泼的课堂气氛，引起学生的学习兴趣，直接转化为学习动机，成为激励学生学习的内在动力。相反，消极的情绪和情感会干扰、阻碍学生的学习，降低学习效率，甚至引发不良行为，起反方向的推动作用。由此可见，教师情感和情绪的状态对教学进程和教学质量有重要的影响。

4. 教师情感是影响学生心理健康的重要因素

教师良好的情感与稳定的情绪有利于带动学生良好的心理体验，从而形成师生良好和谐的心理关系。反之，教师喜怒无常的情绪状态与冷漠的情感往往会挫伤学生的自尊心与自信心，使学生对教师失去信任，情绪低落、压抑。这是形成学生心理障碍的一个直接原因。而且如果教师在处理学生问题上带上个人情感与情绪，就会失去公正与理智，这对学生的心理会产生消极的影响，从而使他们产生愤恨、不平、怀疑的情绪。

美国的心理学家德温研究了71位教师与其1000名学生的相互关系后作出结论："一个情绪不稳定的教师很容易扰动其学生的情绪；而一个情绪稳定的教师，也会使其学生的情绪趋于稳定。"

尤其让人感到忧虑的是，一些心理不健康、情绪不稳定的教师，很容易把不良情绪发泄到学生身上。一些教师体罚或变相体罚学生，其实多数时候是早已积郁在心底的不良情绪的发作；而学生受到教师的虐待与攻击之后，极易产生"转向攻击"，变得暴躁、好斗，进而造成人际关系紧张，严重者就会染上心理疾病或采取离家出走、自杀等极端行为。

第三节　教师的情绪素养

教育工作是一项富有创造性的工作，教师没有乐观向上的高昂情绪，教育智慧就无法发挥，同时，教师没有一定的情绪调控能力，就难以得心应手地组织教学活动。那么，教师应该具备哪些情绪素养呢？

一、情绪认知力

情绪认知力是指一个人对自己和他人情绪状况的觉察，以及在觉察基础上形成评价的能力。即一个人通过一定的情绪线索，准确地觉察自己和他人情绪的性质、强度，并预测发展趋势的能力。

一个情绪认知能力强的人能清醒地意识到自己当前的情绪状况及其性质，同时能比较恰当地预测这将给自己造成的影响。而一个情绪认知能力差的人往往跟着感觉走，无法准确判定自己的情绪状况，对不良情绪缺乏必要的防范，对较好的情绪也不能充分利用，到出现不良后果时才反思自己的情绪表现。

良好的情绪认知力是良好情绪素养的基础。有了情绪认知能力，一个人才会自我完善，才会帮他人完善；有了正确的情绪认知能力，才会对自己进行合理调控，对他人有合理的回应。

人的情绪常常丰富而复杂。它的丰富表现在自己对自己的心理状态、情绪趋向难以表述得清楚明白；它的复杂则由于思想的作用，情绪瞬息之间可以有很大的变化，同时情绪还有一定的隐蔽性，其外在表现与真实的情绪可能不一致，这些都决定了准确地认识人的情绪不容易。

自我认知是情绪自我调控的开端，没有正确的自我情绪认知与评价，就不会有优秀的情绪素养；对他人情绪的认知是情绪教育的开端，没有正确的对他人情绪的认知与评价，情绪教育就会盲目与无序，并最终导致情绪教育无效。

二、情绪调控力

情绪调控力是指有效地调节和控制自己情绪的能力。情绪调控包括对不良情绪的控制与改善和对良好情绪的激发与保持能力。良好的情绪调控能力是教师取得教育教学成功的关键素质之一。

情绪不能过于强烈，强烈的情绪常常对人有害。暴怒是失去了控制能力的产物，一怒之下做出有伤害性的事是很常见的。情绪也不能过于低落，这对于完成任务极为不利。只有在情绪调控得心应手之后，才能熟能生巧地灵活运用情绪，来达到一定的人生目的。一个人对自身情绪的自我管理能力愈高，低落的情绪就愈少，生命的活力就愈强烈。

情绪自我调节并不等于简单地压抑。过度地压抑会危害身心健康，最终导致情绪失控。情绪调控也不是不让自己表现真性情，教师的真情流露也是对学生最好的情绪教育手段。

教师的情绪调控不当主要存在以下几种情况：

（1）情绪失控。

面对所谓的“屡教不改”的学生，面对与自己针锋相对的学生，教师容易情绪失控，造成对学生和自己的伤害。很多伤害事件其实并不是教师的本意，大多是由于教师情绪失控。情绪失控或许会吓住学生一时，但对于学生的长期发展和今后的教育工作而言，有百害而无一利。学生往往把教师的一时冲动当作是真情流露。

（2）情绪调控过度。

有的教师在与学生交往过程中，对自己的情绪表现控制过多，过于严肃造成师生交流中的鸿沟。

（3）缺乏激情。

有的教师对工作缺乏应有的激情，对教育工作更是非常厌倦，声称一

看到学生就烦。教师的情绪对学生有潜移默化的影响。对教育工作的激情和对学生的热情是相辅相成的，教师只有对教育工作有了足够的激情，对学生有了满腔热情，才会少一些围追堵截，多一些对话疏导，真正把工作做好。

（4）虚情假意。

有的教师过于控制自己的真正感情，只表现出自己认为正确的情绪。学生的眼睛是雪亮的，他们可以识别教师的真正情感，如果他们一旦意识到教师不真诚，师生的真正交流会马上终止。

三、情绪沟通能力

情绪沟通能力是指能与他人进行有效的情绪交流，主要包括对对方情绪的理解和正确有效地表达自己的情绪让对方理解的能力。有的教师为学生付出了大量的心血，甚至把自己弄到心力交瘁，却得不到相应的响应。教师“教育爱”的要求很高，不只是要爱，还要会爱才行。

有一项调查：在5所学校随机抽取了120名教师，问：“您热爱学生吗?”90%以上的被试者回答“是”，然后向这120名教师所教学生进行调查：“你体会到老师对你的爱吗?”回答“体会到”的仅占10%。

这说明要让学生体会到老师对他们的爱并非易事。教师既需要有对学生深沉的爱，又要把这种爱以恰当的方式表达出来，让学生能感受到这种爱，这是教师教育的前提。换言之，教师对学生的爱是教师教育的前提，却不是学生接受教育的前提，学生接受教育的前提是他们感受到了教师对他们的拳拳爱心。从教育的角度讲，教师表达他们的情感，要让学生准确地识别才是教育的重要条件。

只“捧着一颗心来”，不行，要让学生理解和接受这颗心，还要“换得一颗心回”才行。“真正的教师是一种情感丰富的人，他对欢乐、忧愁、激动和愤怒都有同样强烈的感受。问题在于，要让儿童感到在教师的这些人之常情之中，包含着正直和善良”。如果教师的情绪表达不准确，就会直接导致学生对教师情绪的不解、误解和曲解，这会直接影响他们正确理解教师的意图。

情绪沟通是双向的，要准确表达情绪，也要及时有效地接收来自对方的情绪信息，这要求教师应有一定的情绪理解能力。所谓“情绪理解”是指能及时注意到学生的情绪变化，并能理解学生的情绪表现以及他们的内心感受。情绪理解是做好教育工作的重要前提，情绪是一个人展现内心世界的重要方式，只有理解了学生的情绪才有可能真正理解学生的全部。有很多教师为了了解学生情况或教育的需要，要求学生反映其他同学的情况，往往遭到学生的抵制，教师此时往往觉得学生没有正义感。理解学生情绪并不容易，它要求教师要敏感，还需要教师有同理心，能从细致的信息上察觉出学生的需求，暂时放弃自己的立场，能从学生的立场考虑他们的处境与感受。

四、情绪影响力

情绪影响力是指有效地影响或改变对方情绪状态或体验的能力。情绪是可以相互影响的，学生年龄越小，受到情绪影响的可能性越大。教育过程中，教师仅有良好的情绪表现是不够的，还要能向学生传递自己的某种愿望、观点和思想。

教师情绪和情感具有的信号功能具体表现为：可以巧妙地传递教师对学生的信任、期望、赞许与批评等信息，让学生心领神会，起到“此时无声胜有声”的效果。例如，在课堂教学中，教师可以利用自己的眼神或某种动作来制止某些学生不适当的行为，既不使师生关系紧张或破坏整个课堂气氛，又保护了学生的自尊心，又不占用太多的课堂时间。

师生之间“心有灵犀一点通”就是这一功能的明显例证。前苏联教育家马卡连柯特别强调：“做教师的决不能没有表情，不善于利用表情的人就不善做教师。”教师的情感正是通过和颜悦色或横眉瞪眼等面部表情和身体姿态这类非言语传递的方式表露出来的。教师的情感还可以引起“情知交融”、师生情感水乳交融，从而达到教学气氛轻松和谐的效能。

教师的一举一动表现出来的情绪，对学生有着潜移默化的影响。正如

赞可夫所说："由活的人说出来的话，不单是只靠它的内容来激发对方的思想和感情的。这里有交谈者一副兴致勃勃的面孔，有一双一忽儿在科学的丰功伟绩面前燃烧着赞美的火花，一忽儿又好像因怀疑所作的结论的正确性而眯缝起来的眼睛，有表情，还有手势……"如果教师的情绪影响能力较强，学生就会对教师有好感，喜欢与之相处，进而会对该教师所教学科产生兴趣。

五、情绪教育能力

情绪教育能力指的是把情感素养作为人的发展的重要领域之一，对其施以教育的力量，使人的情感层面不断走向新的高度的能力。一个人不仅要有良好的情感状态、稳定的情感心境，而且要有丰富、深刻的情感世界，健全的情感能力。

现代教育认为，情绪与心理健康、智力活动有紧密的联系。教师应把握学生的情绪，努力发展学生良好的情绪素养，进而促进他们的全面发展，从而取得良好的教育效果。要关注学生的情绪，在掌握了每一个学生情绪的情况下，要能为学生设定适当的情绪发展目标，这一目标要反映学生的情绪特点，是学生可以接受的，同时对他们今后的情绪发展乃至人格完善都是有意义的。目标明确以后，还应该能把这一目标转化为有效的教育活动，通过活动引发并提高学生的情绪水平。

在学校教育中，蕴含有丰富的情绪教育资源，教师应该有能力识别出这些情绪教育资源，并且能有效地利用这些资源来对学生进行情绪教育。情绪教育资源包括教师本人的情绪表现、同班学生的情绪表现、文艺作品中与情绪有关的篇目、校园内学生丰富的情绪体验和包含丰富情绪成分的事件等，对这些资源的关注与利用，是情绪教育的重要保障。

第四节　教师常见的情绪困扰

教师工作是一种持续紧张的特殊工作，社会期望值高，心理压力大，竞争激烈，这些都使教师情绪常常处于紧张状态。教师情绪问题是由于教师在日常生活中或在教育教学工作中遭遇到挫折时，未能积极妥善地处理、应对而遭受不良情绪的困扰时产生的身心失调。轻者可自我调节，重者则向消极方面发展，构成情绪障碍，使其不能正常工作、学习和生活。教师情绪问题由于其隐蔽性而易被忽视，在有些情况下，可能教师自身也没有意识到自己正遭受消极情绪的困扰。

教师常见的情绪障碍有焦虑、抑郁、易怒、嫉妒、冷漠和压抑。

一、焦虑

焦虑是因遭受心理上的冲突或挫折而发生的一种紧张的、恐惧的、焦躁不安的情绪状态。这种情绪面临着一种威胁感，而且对威胁的想象成分大于真实的状况。焦虑不由自主地影响着一个人的精神状态、认知行为和身体状况。

教师常常因工作任务繁重，社会期望值太高，自身条件受限所带来的精神压力而产生焦虑，或因学校领导对教师的错误评价产生焦虑，或因班级升学压力而产生焦虑，或因自己身体状况欠佳、体弱多病，子女的就业与再就业很困难，未找到如意的伴侣，同事关系紧张等而产生焦虑，或因人到中年成绩平平而产生焦虑等。

焦虑心理，不仅影响教师的正常工作，而且还影响教师正常的生活，甚至由于长期内心冲突、焦虑过度而形成焦虑人格，对教育事业产生失望情绪。遭受焦虑情绪困扰的教师表现为紧张、烦躁不安、压力感等主观的不适感觉；在生理上有颤抖、心悸、冒汗、头昏、呼吸困难、睡眠有障碍、食欲不振、泌尿道或胃肠道不适等身体的症状；在认知上有注意力不集中、记忆力减退、疏解压力的功能降低、社会功能减退或丧失等现象。

二、抑郁

抑郁是一种感到无力应付外界压力而产生的消极情绪，常常伴有厌恶、痛苦、羞愧、自卑等情绪体验，但一般只是偶尔出现，为时短暂，时过境迁，很快烟消云散。但也有少数人长期处于抑郁状态，不能自拔，导致抑郁症。性格内向孤僻，多疑多虑，不爱交际，生活中遭遇意外的挫折，长期努力得不到报偿的人更容易陷入抑郁状态。

陷入抑郁情绪的教师通常表现为情绪低落，思维迟缓，郁郁寡欢，闷闷不乐，兴趣丧失，缺乏活力，反应迟钝，不愿参加社交，故意躲避熟人，对生活缺乏信心，体验不到生活的快乐，工作无动力，对学生漠然，食欲减退，睡眠不好，莫名其妙地烦躁不安等。

这些教师看上去倦怠疲乏、表情冷漠、面色灰暗，仿佛陷入了痛苦的深渊而无力自拔。长期的抑郁会使人的身心受到伤害，使人无法有效地学习、工作。

三、易怒

发怒是当客观事物与人的主观愿望相悖时产生的强烈情绪。愤怒的发生可以从轻微不满到气恼，微愠变化到激怒、暴怒乃至狂怒。通常从语言、动作、面部表情和姿态上表现出来。

发怒对人的身心健康有明显的不良影响。当人发怒时，呼吸加快而短促，心跳脉搏加速，血压升高，心律紊乱，严重时导致心脏停搏甚至猝死。由于发怒而导致心悸、失眠、便血症、胃溃疡及心脏病的也不在少数。

此外，众所周知，发怒会使人丧失理智、阻塞思维，导致损物、殴打人甚至犯罪等不良行为。

易怒是教师中常见的一种消极激情，由于面对的是正在成长期的青少年，他们正处于情绪高涨、激情澎湃的时期，有的时候激情似乎难以控制，经常会做出意想不到的事，甚至铸成大错。遇到这种情况，作为教师不免会生气、发怒。

易怒的人往往以胆汁质为多，有些易怒的教师还存在许多错误的认识，如发怒可以威慑学生、挽回面子等。然而事实证明，易怒者往往事与愿违，得到的不是尊严、威信和愿望的满足，而是他人的不满、厌恶，人与人之间更大的冲突，自己心境的更加不宁。

四、嫉妒

嫉妒是自尊、恐惧、忧虑和愤怒混合而成的复杂情感，是主体感到不如别人而产生的一种痛苦或不满自责的情绪体验。嫉妒发生的原因多是社会性的涉及个人与他人的关系，在集体生活中如果感到自己的地位或某种权益受到威胁时，自己强烈地希望获取一定的目标物而遇到了强劲的对手时，都可能引发嫉妒的情绪。

工作上的利益冲突导致有些教师常表现为以自我为中心，耻于人下。教师嫉妒的对象多为与自己的身份、地位、年龄、能力相近的同事。嫉妒的事物种类很多，例如外表、学生考试成绩、团体竞赛、物质条件、职务职称、家庭、服饰等。

嫉妒情绪的反应有言语上冷嘲热讽、行为上疏远、冷淡被嫉妒者，甚至采取极端的行为、贬低别人，或者向同情者倾诉等。嫉妒心会影响教师的人际关系，造成同事之间的隔阂甚至对立，同时使自己处于烦躁、痛苦的情绪中，因而需要及时调节。

五、冷漠

冷漠是一种对人对事冷淡、漠不关心的消极情绪体验。教师情绪、情感丰富，富有热情是其基本心理特征之一。但有的教师却表现出上课情绪低迷，对学生成绩好坏满不在乎，对集体漠不关心，对学生冷漠无情，对

环境无动于衷，等等。日本心理学家把具有这种冷漠状态称为“三无”，即无情感、无关心、无气力。

国内外心理卫生学家认为，冷漠是一种个体对挫折环境的自我逃避式的退缩性心理反应，它带有一定的自我保护或自我防御性质。

分析教师中情感冷漠的人往往可以发现这与个人活动和个性特点有关。如努力得不到承认，好心得不到理解，家庭矛盾和不幸，思维方式片面、固执、心胸狭窄、耐受力差、过于内向等，历经挫折心灰意冷。事实上，表面冷漠的人往往内心很痛苦、孤寂，具有强烈的压抑感。

冷漠情绪既不利于身心健康，也不利于教师工作的开展，更不利于学生的全面发展。因此，作为教育工作者要努力探讨克服冷漠情绪的方法，改变冷漠情绪状态。

六、压抑

压抑是由于个体心理需求得不到满足或不完全满足时而产生的情绪状态，其特点是目标难以实现而带来的心理重负伴随着忧郁而深沉的情感体验。这种感觉有些是由自己意识到的原因引起的，而有些则是自己也不知道压抑究竟来自何方，只觉得自己有一种不满、烦恼、空虚、寂寞、孤独、苦闷、疑惑的感觉。这种困扰无法宣泄时，就会日积月累积淀下来形成压抑。

一个时时感到压抑的教师常会表现出精神萎靡不振，缺乏朝气，缺少活力，成天唉声叹气，感觉活得太累，丧失广泛的兴趣，失去敏感的知觉，失去灵活的思维，与人交往总是缺少热情，逢人好发牢骚，对他人的喜怒哀乐缺少共鸣；长期的严重压抑会诱发胃溃疡、高血压等疾病，往往还会导致心理异常，甚至厌恶人生而自杀。

以上仅仅列出了教师几种较为常见的不良情绪，现实生活中，教师还可能遇到更多的不良情绪体验。各种不良的情绪体验在教师的人际交往中，尤其是师生交往中会成为可怕的危机源，给交往双方造成严重的危害，因此必须学会积极面对，努力加以调控。

第五节　教师情绪调控的方法

情绪的产生、情绪的性质以及情绪的程度都与认知因素直接有关，所以，教师可以学会进行自我调节，培养健康的情绪。一般来说，情绪的自我调适主要是从保持愉快的情绪和克服不良情绪两个方面来着手。

一、保持愉快的情绪

良好的、愉快的情绪有利于人的身心健康。学会保持愉快的情绪是教师情绪自我调适的首要问题。法国作家乔治·桑认为：心情愉快是肉体和精神的最佳卫生法。那么，怎样才能保持愉快的情绪呢？

1. 找寻快乐

快乐是一种主观体验，由需要的满足程度引发。而需要的满足度只是一个相对的概念，并没有一个绝对的标准。找寻快乐要做到以下三点：

（1）知足常乐。

人生在世能否体验到需要满足时的快乐，关键不在于他得到了多少、拥有了多少，而在于他是否明白自己真正的需要是什么，是否珍惜现实中已得到的东西。古人说："风物长宜放眼量，牢骚太多防断肠"，就是这个道理。把自己的抱负定得切合实际，就会有成功的体验，就会因自己的成绩和进步而快乐。

（2）自得其乐。

对各种事物保持兴趣，像孩子一样对环境中的色彩、声、光、美景等宇宙万物持一种欣赏和赞美的态度，倾注热情，积极参与生活、享受生活的乐趣。

(3) 创造快乐。

树立乐观的人生态度，挖掘事物的积极方面，养成乐天愉快的习惯，学会幽默地面对生活，微笑着迎接困难。这样就能保持和创造愉快的心境。

2. 增强自信

悦纳自己，不自卑，不自怜，不自责。正确的、充分的自信是保持心情愉快的重要条件，而充分的自信则来自于对自我的正确评价，此外，适当地赞美自己也有助于增强自信，增添快乐。

3. 学会自我解脱

遇事要想得开，要心胸开阔。因为发生了的事毕竟已成为过去，再追悔也无济于事。因此，不要总是拘泥于过去，把自己笼罩在过去的阴影里。“留得青山在，不愁没柴烧”，要面向“下一次”，从零开始，充分相信未来是美好的，使自己成为一个面向未来的人。

二、克服不良情绪

情感调控不是强行抑制情感表现，而是在某些情境下使自己的情感尽可能适时、适度地表现出来，减少消极情感对自己和他人的不良影响。调控情感的方法很多，但从根本上说，情感的调控是依赖于需要的调节和认知评定的改变。人在遇到挫折时，有时候难免会心情不好，有各种不良情绪反应，如忧郁、焦虑、愤怒等。如果运用适当的方法，将能有效地改善不良情绪。下面介绍几种常用的调控情感的方法：

1. 正确归因

有一个题为“悲观主义与乐观主义”的故事：有两个人同样面对半杯水，一个人欣喜地说：“还有一半呢!”另一个人却不满地说：“只剩一半了!”在这里，同样一个刺激情境可以产生一位悲观主义者和一位乐观主义者。面对同一事物，你看到你所拥有的与看到你所失去的所产生的体验完全不同。也就是说我们的情感体验并不完全取决于事物本身，而取决于我们怎么看待它。

认识事物的角度决定了我们能看到什么，也决定了我们看不到什么，从事物的多个侧面，变换各种角度思考问题，才会有更合理的认知，才会产生较稳定的情感。片面地、目光短浅地看待事物，是患得患失、悲观失望的根本原因。当我们遇到挫折和不幸时应对自己说：塞翁失马，焉知非福？正确地归因，找到问题的症结所在，改变错误观念，是克服不良情绪的关键。事实上，每个人都要对自己的情绪负责，所谓“天下本无事，庸人自扰之”。如果能主动调整自己的看法和态度，纠正认识上的偏差，多从光明面看问题，就可以减弱或消除不良情绪，变阴雨为晴朗。

2. 合理宣泄

从心理卫生的角度讲，过分压抑自己的情绪，只会使情绪困扰加重，甚至由于情绪淤塞而使自己的心理崩溃，不利于身心健康。而适度的疏泄可以把不快情绪释放出来，从而使紧张情绪得以放松、缓和。所谓“合理宣泄”，是在不妨碍或伤害他人的前提下，以自己和他人能接受的方式达到发泄的目的。

情感宣泄有直接和间接两种方式：

（1）直接的情感宣泄是直接针对引发情感的刺激来表达的宣泄方式，是充分表达自己的真实情感，但不采用攻击性的言行，不致对他人或事物构成伤害。

（2）间接的方法通常有：①找人倾诉。心理困扰时，找一个可以信任又能理解你、有耐心倾听的人倾诉，可以减轻心理的压力。②写日记。如果你是一个性格内向的人，身边又无可倾诉的对象，可以把你的烦恼写出来，写的过程就是发泄不良情感的过程。③大声呼喊或唱歌，是排遣心中久积的烦闷、懈怠的不良体验的方法。④放声痛哭。在你过度悲伤时，痛哭作为一种情感爆发，是人的一种保护性反应，是释放体内积聚能量、排

出毒素、调整机体平衡的一种方式。⑤强体力活动，如在盛怒愤慨时猛干一阵体力活或进行剧烈的体育活动，亦有助于释放激动的情绪等。前苏联心理学家阿诺欣提出："身体练习把有机体的活动转移到另外的系统上去，可排遣有害的情绪紧张，使人恢复正常状态。"

3. 注意迁移法

因为某件事或人引起不愉快的体验，因为某个问题困扰或是偶发的急迫的事件而引起过度的紧张、焦虑，缓解这种困扰使自己镇静下来的方法是暂时把自己的注意力强制性转移到其他事情上去。

按照俄国心理学家巴甫洛夫的条件反射学说，人在发愁、发怒时，会在大脑皮层上出现一个强烈的兴奋中心。这时，如果另找一些新的刺激，引起新的兴奋中心，便可以抵消或冲淡原来的兴奋中心。如苦闷、烦恼时去听听音乐，看看喜剧；初次登台演讲，心情紧张，就把注意力集中到演讲的内容上；晚上脑子兴奋、失眠，便把注意力集中到默数单调的数字上等，这些方法如运用恰当，都能起到转移注意力、稳定情绪的作用。换一种活动，也换了一种心情，反而有可能茅塞顿开。

4. 心理换位

生活中难免会与家人、朋友、学生、同事、领导产生矛盾。人际间的矛盾、冲突会使人伤心或气愤，若不及时消解，会导致过激的言行，使人际关系更加恶化。消解这种不快情感的最理智的方式就是心理换位——试着把自己置于对方的立场上去思考，你就会发现对方有他的道理，各执己见是人与人之间矛盾冲突的原因。

如教师在教育过程中经常会与学生发生一些本可避免的矛盾与冲突。例如，一个处于青春期的中学生，花一些时间来打扮自己，教师会认为这没必要，是在浪费时间，甚至看不惯，就会教训学生。而学生不仅听不进苦口婆心的教诲，反而还可能会顶撞教师。如果教师能从学生的角度来看这件事，就会发现自己在他们那个年龄时也一样，在这样的特定年龄关注自己的形象是很自然的，这是他们成长的必经之路，我们的担心和忧虑有时是多余的。

5. 行为心理自动调节法

哈佛大学的医学博士李文林教授和他的同事们曾做过的一系列引人注目的研究证明，当人们心情愉快、情绪高涨、充分享受生活的快乐时，他们便不易受痛苦失意情绪的侵袭和感染，也不会去想那些事情。相反，一旦人们变得情绪消沉、意志薄弱时，他们的活动倾向和活动水平便明显降低，而这又会进一步加剧消沉情绪，减弱活动能力。

为了打破这种情绪低落造成的惯性或惰性，心理学界创造了一套行之有效的方法，即行为心理自动调节法。也就是说，通过具体活动来改变自己的心情、处境，重新获得活力。这类运动又称为“增氧健身运动”，包括长跑（慢跑、散步）、游泳、划船、打篮球、做健身操等。实践证明，积极投身活动，调动全身肌肉，不仅可以增强体质，改善心脑的血液循环和新陈代谢，还可以减少心理痛苦、焦虑、忧愁、烦恼和消除低落失意的情绪。

第六节　情感规律在教学中的运用

学校教育是教师和学生共同参与的双边活动，也是特定情境中的人际交往活动。无论是处于教育主导地位的教师，还是处于教育主体地位的学生，都是有血有肉、有情有感的个体。因此，在教育活动中师生之间不仅有认知方面的信息传递，而且也有着情感方面的信息交流，形成一个涉及教师和学生在理性与情绪两方面的动态的人际过程，或称为“与个性或社会心理现象相联系的情感力量和认知力量相互作用的动力过程”。

如何重视教育中的情感因素，发挥其积极作用，以增进教育活动的科学性和艺术性，优化教育效果，也就成为现代学校教育的一个重要课题，是教师日常的教书育人工作中不可忽视的一个重要方面。

一、确定教育情感目标

人们在分析教学过程时，总倾向于把注意力集中于教学中的认知系统，而往往忽视情感系统。在教学中应注意以下目标体系：

（1）让学生处于愉悦——兴趣、饱满、振奋的情绪状态之中，为认知活动也为情感的陶冶创设良好的情绪背景。

（2）让学生在接受认知信息的同时获得各种积极情感和高尚情操的陶冶。

（3）让学生对学习活动本身产生积极的情感体验，形成良好的学习心态——好学、乐学的人格特征。

二、适度表露教育情绪

为实现情感教育目标，作为教学中另一个重要的情感源点，教师情感的自我调控具有特别重要的意义。这是因为情感具有感染功能，教师的情感会在教学过程中随时随地影响学生的情感，起着极为重要的调控作用。在这方面教师尤要注意两种调控：

（1）教师情绪状态的调控。有不少教师没有意识到这一问题的重要性，对自己的情绪由着兴致、不加调控，有的还出于错误的认识，为体现教学的严肃性而故意绷着脸，表现出“冷静”、“沉着”、“严厉”的教态，这都会影响学生的情绪，产生消极效果。

正确的做法是，教师在教学活动中要始终调控好自己的情绪，处于饱满、振奋、愉悦、热忱的状态，以感染学生情绪、活跃教学气氛，为学生认知活动创造最佳的情绪背景，特别是在教师由于种种原因自己情绪不佳时走进教室，更要以教师的责任感和敬业心调控自己，正如马卡连柯所说：“从来不让自己有忧愁的神色和抑郁的面容。甚至有不愉快的事情，生病了，也不在儿童面前表现出来。”

（2）教师对所教学科的情感调控。以往教师考虑的是如何教好自己所教的学科，而往往没有意识到自己对所教学科的情感会潜移默化地影响学生对该学科学习的情感和态度。正如苏霍姆林斯基所说：“教师对教材冷漠的态度会影响学生的情绪，使其所讲述的材料好像和学生之间隔着一堵墙。”而“热爱自己学科的教师，他的学生也充满热爱知识、科学、书籍的感情”。

因此，优秀教师不只是传授知识、培养能力，而且还将自己对学科执着追求的精神、热忱和感受带给学生，以激起学生情感上的涟漪和共鸣，这就要求教师不仅不在教学中流露对所教学科的冷漠，乃至厌烦、反感等消极情感，而且更重要的是要真正培养起对该学科的热爱之情。

三、交流教育情感体验

在教学活动中师生之间不仅交流认知，也交流情感；不仅交流教学内容中的情感，也交流着师生人际间的情感。而师生人际间的情感也会通过迁移功能影响学生对教学活动、教学内容的情感和态度。师生情感交流的核心是爱心融入，这就要求教师从职业道德的高度认识师爱的意义，培养师爱情感，并掌握施爱于学生的艺术，因为“光爱还不够，必须善于爱”。

1. 施爱于细微之处

俗话说：“于细微之处见深情。”往往在师生交往的细微之处最能使学生感受到教师真诚而深厚的爱。对学生一道目光的友好接触，对其名字的一声亲切呼唤都会产生师爱的魅力。

2. 施爱于需要之时

根据情绪发生的心理机制，教师首先应考虑如何将自己的师爱之情化为满足学生某些合理而迫切的需要的行为，这样才能从根本上引发学生的积极情感反应，促进师生在教学中的情感交流。

3. 施爱于意料之外

根据情绪发生的心理机制，客观事物越超出预期，产生的情绪强度越大。因此教师要使自己的行为能真正引起学生情感上的震动，从而产生师生情感上的炽热的碰撞，那么教师就要设法在师生交往中使学生产生某些出乎意料的感觉。

4. 施爱于批评之中

师爱具有明显的教育性，这是一种慈与严相结合的爱。教师不仅要怀着一片爱心去鼓励、赞扬学生的点滴进步，也要怀着同样的爱心去批评、指正学生的缺点错误。由于批评易引起学生不悦、反感甚至恼怒的情绪，因此在批评时仍能让学生感受到教师的拳拳之心、真挚之情是不容易的，然而这也恰恰是批评教育的艺术性之所在。

5. 施爱于学生之间

教师一方面把自己对学生的爱直接施予学生，另一方面也要通过学生集体将爱传递给学生。这不仅有利于直接促进学生间的情感交流，增强集体的凝聚力，而且也有利于学生更深切地感受到蕴含在学生间情感背后的师爱。

6. 施爱于教学之余

不仅在教学中，在教学之外也有大量的师生接触，教师注意课外的“感情投资”会获得意想不到的效果。

第五章　优秀教师的人际交往

教师人际关系是指在学校情境中，教师个体通过与其他成员的交往或共同活动而建立起来的各种比较稳定的心理联系。具体表现为教师与领导、教师与教师、教师与学生、教师群体与其他群体之间的各种关系。教师人际关系状况对其自身和教育教学工作都会产生重要影响。

第一节　教师人际关系概述

人际关系是一个被广泛使用的概念，不同的学科领域对人际关系的解释有不同的角度。心理学所研究的人际关系是指人与人之间通过交往建立起来的某种比较稳定的心理联系，它反映着人与人之间的心理距离，也标志着人与人之间亲近性、融洽性、协调性的发展水平和现实状况。

人际关系对每个人来讲都至关重要，因为它不但影响着人们的生活质量以及工作和学习的绩效，还是衡量个体心理健康水平的主要标准之一。人际关系是普遍存在的一种社会现象，但是在学校情境中有其特殊性，因为学校担负着教育人的职责，人际关系状况将直接影响学生的精神生活。

一、学校人际关系的构成与特征

学校作为特定的社会环境，其成员主要由管理者、教师、职员和学生等组成。学校人际关系基本上是由这些人员所构成，主要包括领导同教职工之间的上下级关系、教师同教师之间的同事关系、教师同学生之间的师生关系、学生之间的同学关系等方面。如果把范围扩大些，还可以包括学生、教师同家长的关系。同其他环境中的人际关系状况相比，学校中的人际关系有一些明显的特征。

1. 学校中的上下级关系

学校中的上下级关系与其他部门相比，最大的特点是它的平等性和融洽性。这是因为学校领导者在最基本的社会角色上同其他教师是一样的，首先是教育者，其次才是学校领导。这就决定了学校中的上下级之间在权

力距离上差距比较小，在地位上相对比较平等。学校领导要想树立自己的威信，主要要依靠非权利性影响力。

2. 学校中的同事关系

学校中的同事关系最大的特点是整体性与个体性的协调统一，整体性是教师集体协同活动的过程，要完成育人的任务必须依靠整个教师集体，而不可能只靠一两个人。因此，教师之间的配合与协作是职业的要求。个体性是指教育教学活动实际上是由教师个人完成的，其效果主要取决于教师个人的思想与业务素质。

这两方面特点构成了教师在处理同事关系时值得注意的两个问题：一方面要强调个人素质在完成教育教学任务中的重要作用，鼓励教师充分发挥个人的能动性和创新性；另一方面又要防止教师过分突出个人的作用，忽视集体的力量。

3. 师生关系

师生关系的最大特点是它的互补性，即教师与学生双方的需要都必须通过对方才能得到满足。一方面，学生的成长和发展离不开教师的教导；另一方面，教师自我价值的实现也离不开学生的发展。这是“教学相长”更深一层的含义。在师生关系中，教师处于主导的一方。教师如能对学生表现出关心、爱护、尊重、信任的积极态度，通常就能促进良好师生关系的建立。

4. 同学关系

同学关系是学生成长环境中的重要组成部分，是儿童社会化过程中不可缺少的外部条件之一。同学关系在中小学时期最大的特点是其地位在逐渐上升直至占据主导的地位。由从属地位发展到主导地位的关键学段是在初二前后。对此，教育者必须予以足够的关注。

二、良好人际关系的意义

1. 是教师个人获得充分发展的重要条件

一个人的成长与发展离不开周围人的支持与帮助，如家庭关系的和睦、同事关系的和谐、上下级关系的融洽等，对教师个人专注事业、丰富学识、获得更多的发展机会，都具有十分重要的意义。特别是来自领导方面的理解与支持，常常是决定一个人事业能否取得成功的关键。所以有人说，在决定一个人能否成功的因素中，专业知识和技术只起 20% 的作用，良好的人际关系则起 80% 的作用。

2. 是提高教育教学质量，完成教育任务的基本条件

人际交往是学校中开展教育教学工作的基本途径，不论是课堂教学还是做学生的思想工作，都必须通过师生间的人际沟通和各种形式的交往来进行。因此在这一过程中，以师生关系为核心的人际关系的状况常常会成为决定教育教学效果的关键。正所谓“亲其师而信其道”，这是所有优秀教师共同的经验。

3. 有助于教师的身心健康

良好的人际关系是保持身心健康的重要条件，其重要作用可以表现在许多方面：

（1）良好的人际关系有助于满足个体多方面的心理需要，如安全、归属、爱和自尊等方面的需要。在生活中，每个人都需要他人的关心、尊重、信任、支持、接纳、喜爱甚至依靠，这些基本的需要如不能得到满足，常会导致心理紧张，影响身心健康。

（2）良好的人际关系可使人保持愉快的心境。家庭和睦、同事友好、邻里互助、会使人精神愉快，心情舒畅。否则，你争我斗、关系紧张极易产生压抑、郁闷、焦虑、烦躁等情绪状态，长此以往身心健康必受损害。

（3）良好的人际关系还可以提供有效的心理支持。人们遇到了烦恼或挫折，需要他人的支持与帮助、理解和信任，良好的人际关系正是一种重要的心理支持系统，可以有效地减轻人的心理压力，促进自我调节水平和心理承受能力的提高。

三、教师人际关系的类型

教师因其工作范围比较有限，人际关系的类型相对简单，基本上有如下几种：

1. 工作型人际关系

完全出于工作需要形成的人际关系，基本上没有情感卷入。交往目的性明确，交往方式单一、直接、原则性强，缺乏支持与协作的精神。

2. 情感型人际关系

教师在工作环境中也存在私人情感，一般都有自己的朋友圈。与一部分学校成员彼此了解和互相介入的范围及深度较大，包括工作问题、家庭生活以及个人的内心世界。由于情感卷入程度较深，在工作中能够积极配合，相互支持，但是原则性会相对降低，易违反规章制度，有时反而会影响工作绩效。班主任与本班部分学生之间属于这种类型的人际关系。

3. 混合型人际关系

既出于工作的目的，又有一定的情感投入，在教师人际关系中占主导地位。一般情况下是在工作过程中逐渐产生的彼此欣赏和喜欢，但互相了解的程度并不深，较少涉及工作之外的情感接触。科任教师与大多数学生之间也属于这种人际关系。混合型人际关系的双方既能融洽和谐的相处，积极主动的配合，又不失基本的原则，从工作绩效上看是最为有利的。

四、影响教师人际关系的因素

在交往过程中，人际关系的形成通常会经历一个由外部因素为主到内部因素为主的转换过程。在交往初期，人们之间的接近程度主要受外部因素的影响，随着了解程度的加深，内部因素的作用就会逐渐增大，直至发挥主导作用。

1. 外部因素

（1）时空因素，指交往双方必须有共同的活动时间和活动场所，这是交往的前提条件。美国社会心理学家费斯廷格曾对同一栋宿舍楼里的家庭主妇做过调查，发现住在同一层楼的人比不同楼层的人成为朋友的可能性要大，而住在同一层楼的人中距离较近的又比距离远的更容易成为朋友。这就是我们常说的“远亲不如近邻，近邻不如对门”的意思。在同一办公室里的教师通常会有更多的了解，也容易建立比较密切的关系，其原因就在于此。

（2）交往频率，指双方交往的频繁程度。保持比较密切的联系和经常性的交往是建立良好关系的重要条件之一，否则，处于那种“鸡犬之声相闻，老死不相往来”的状态中，恐怕就很难谈什么亲密友谊了。班主任同学生的关系之所以要比科任教师密切，就是因为班主任同学生接触的机会更多一些。教师要想同学生建立良好的关系，前提是必须主动去接近学生、了解学生。

（3）交往倾向，指双方在交往中所表现出来的态度倾向。在交往过程中，一方的主动态度往往能引起另一方同样的积极反应。正如俗话所说：“人敬我一尺，我敬人一丈。”一般情况下，我们对待别人时如能表现出真诚、热情和友善的态度，对方通常也会表现出积极的回应，相反亦然。这也就是所谓的“投桃报李”。在师生交往中，教师如能对学生表现出应有的尊重与信任，学生通常也会对教师表现出尊敬和信赖。相反，如果师生关系很紧张，一般都能从教师一方找到一些原因。

2. 内部因素

（1）交往双方的相似性，指交往双方在家庭背景、个人经历、兴趣爱好、价值观念、人生目标等方面所表现出来的相似点或共同点。交往双方的共同点越多，越容易建立起良好的人际关系。生活中常有这样的例子：同陌生人交往，一旦发现对方是自己的同乡、校友，或共同认识某一熟人，或有共同的兴趣爱好，心理距离立刻就会拉近许多，关系也会更加融洽。教师在与同事或学生交往时，如能尽可能地寻找出双方的共同点和相似性，可以起到一定的积极作用。

（2）交互双方的互补性，指交往双方在气质、性格、能力等个性特征方面所表现出来的互补性。交往双方若能在某些方面形成一种互补的关系，则双方的关系必然会表现出比较稳定与和谐的状态。教师与学生之间就存在着天然的互补关系，离开对方，自己需要的满足和存在的价值就失去了基本的条件。在教育实践中，关键是要双方都能充分意识到这一点，这是建立和谐关系的重要基础。

（3）内部吸引力，指交往双方个人品行和个性特征方面如果具有某些突出的优点，通常会有效地增加个人的魅力和对他人的吸引力，这样就会有助于良好人际关系的建立。比如一些优秀教师是因其品格高尚、学识过人、无私奉献、风趣幽默等优秀品质而赢得了学生的敬仰。

第二节　教师与领导的人际交往

教师在其特定的职业范围内，所涉及到的人际关系类型相对简单一些，主要是与领导、同事、学生之间发生人际互动，当然还包括其他如学生家长等相关人群。但是由于这些群体，特别是学生群体数量较大且沟通渠道多样，所以教师在适应方面就必须不断探索、调整，以建立起有利于工作和促进自我身心健康发展的良好人际关系。

学校中的领导包括了从校长、主任，到年级组长、学科组长等业务管理者等不同层次的领导。作为普通教师，在与他们交往的过程中，既要适应对方的需要与特征，同时也在能动地影响着对方，反应着自己的需要和个性特征。这里仅从教师如何更好地了解领导者的需要和争取领导支持的角度来作一些分析。

一、了解领导的需要

从校长角度看，为了建立良好的上下级关系，必须了解教师的需要。那么，作为教师要与领导者保持良好的关系，也同样应该了解领导的需要。在这方面值得特别重视的主要有以下几项：

1. 自尊的需要

每个人都希望受到别人的尊重，当领导的这种需要就更突出。所以教师首先要满足领导获得尊重的需要，具体说，教师首先要支持领导的工作，服从领导的正确决定，不要公开表示对领导的不满或当面顶撞；其次，对领导的努力和工作成绩要给予充分的肯定和承认，不要只看缺点和

不足；第三，对领导有什么意见或建议应单独找领导谈，而不要当众让领导下不了台来。

2. 成就的需要

凡是有事业心的领导者都希望在工作上有更大的成绩，在办学水平上有新的提高。作为教师要让领导满意，首先就要做好本职工作，在教育、教学质量上走在前面；其次，如果有可能，可以在学校管理、教育科研或教学改革方面主动多做一些事情，提出一些建议，帮助领导出谋划策，这样就很容易引起领导的重视；第三，如果能够在学校以外拿出一些教研、科研成果，获得一些奖励，如市、区级的优秀课，国家级或市、区级科研论文交流，在各级刊物上发表论文等，就一定会受到领导的重视。

3. 交往的需要

领导也是普通人，也需要朋友和友谊，因此，同领导交往时不要有不必要的距离感，不要因为对方是领导就不愿或不敢去接近，只要能够与领导平等相处，在正常的交往中发现有共同的志趣、爱好，有相似的理想、价值观，有相似或互补的性格特征，即使是普通教师也完全可以与领导成为朋友。

二、怎样争取领导的支持

领导的支持是做好工作的重要条件，因此，只有争取到领导的支持才能把工作做得更好。那么，怎样争取领导的支持呢?

1. 要尊重领导、相信领导

一个教师只有尊重、信任领导，听从领导指挥，才能得到领导的支持，相反，一个总跟领导对着干的教师就很难得到领导的支持。

2. 要努力工作，做出成绩

容易引起领导重视、得到领导支持的通常都是那些敬业爱岗、积极进取、事业心比较强的教师。所以，作为一个教师要想争取领导支持，就要努力工作并做出一定成绩来，这是争取领导支持的基础。

3. 主动汇报，积极建议

要获得领导支持，就要让领导了解情况，包括现实问题和对策建议，这样，领导才能明确地表示态度，支持教师的工作。在此过程中，教师不仅要积极向领导汇报自己的工作情况与需要解决的问题，还应该把自己的一些具体建议或解决问题的方案提供给领导，这样便于领导选择和决策，比较容易得到领导的支持。这里要注意，对领导一时没能给予支持的事情，要有耐心，等待时机再去争取，而不要立即表示不满，背后随便议论，或者发牢骚，这样容易造成误会，影响上下级的关系和团结。

第三节　教师与同事的人际交往

教师的同事关系实际上是教师集体内部的人际关系，这种关系是建立在共同的工作任务和特定组织环境基础上的，其状况对于学校工作任务的完成具有重要的意义。

一、确立集体意识观念

学校是一个集体，教师在学校里是作为一个教育集体，共同担负育人的任务。教育过程不可能只靠一两个教师来完成，而必须依靠整个教师集体的协作、配合才能完成。所以我们说，独木难成林，这是学校教育方式的一个基本特点。从这一点来看，如何发挥教师集体的整体效应，是决定教育效果的关键。只有教师集体同心协力，才能对学生产生一致的积极影响，才会培养出德、智、体、美全面发展的社会主义劳动者。看来，教师必须首先确立这样一种集体观念，才能在处理同事关系时做到顾全大局。

集体环境对每一位教师都有着十分重要的影响作用，在一个集体中，教师的心理与行为通常都会受到集体环境多方面因素的影响，如集体目标的引导、集体规范的约束、集体舆论和风气的影响等。这些社会心理因素所起的作用，有时会超过教师个人的意愿。因此，任何一位教师要想很好地适应所在的集体，就必须处理好个人与集体的关系。

增强教师的集体意识，可以对教师之间的人际交往产生多方面的积极作用：第一是可以促进教师彼此间的相互认同，作为同一个集体的成员，大家在目标、利益、归属需要的满足等方面，都有很多的共同点，很容易在心理上彼此接纳，相互认同。第二是容易提高交往的广度和深度。在一个健康的教师集体中，很少会有勾心斗角、尔虞我诈的小帮派现象，这就使同事间可以在最大的范围内进行充分的交往与沟通，交往中也不必互相防范、各打自己的小算盘，这样的良好气氛是增强集体内部团结的重要基础。第三是相互间容易配合，由于长远目标的一致性，使得教师在交往中能够做到“三个服从”，即个人利益服从集体利益、局部利益服从全局利益、当前利益服从长远利益，在这样的基础上，人际关系才可能达到和谐、融洽的境界。

二、良性竞争与合作

竞争作为社会发展的重要动力，无论是对群体还是对个人，只要条件适当，就能起到促进作用。但是这并不意味着竞争就是一切，或者说，同事之间就只存在竞争的关系。实际上，竞争与合作是实现集体目标的两个基本条件，缺一不可。在鼓励教师增强竞争意识的同时，还要强调从两个方面正确对待竞争。

1. 竞争要把握一个“度”

良性竞争需要一定条件，这便是公平、公开、公正的竞争环境。而要创设这种氛围，首先要解决的是人的观念。常会看到有些人在竞争中的一些不正常的表现：明争暗斗、相互诋毁、不相往来、互不买账等，这实际上是把竞争变成了对立，使动力退化为内耗，这其实都是来自对竞争的不正确理解。

在工作中的竞争并不是你死我活的竞争，而是促进发展的动力。如果错误地认为竞争就是为达到目的而不择手段，那么心态就不会平和，而公平、公开、公正的竞争环境就无从谈起，竞争将陷入无序的混乱中。不仅不能起到激励作用，反而会导致群体凝聚力下降、士气低落、人际关系紧张，甚至出现恶意竞争的局面，将竞争演化为战争。因此，竞争应该在公平有序的条件下进行，使每个人的潜能被更大地被激发出来，更好地投入到工作中。这样，集体的目标才能实现。

2. 开展竞争的同时还应强化合作精神

在引入竞争机制来提高工作自觉主动性的同时，也更加需要强调团队的合作精神。因为只有通过合作，才能更好地形成合力，促进教育系统功能的改进与完善，从而更好地实现学校的育人目标。

我国著名教育家叶圣陶指出："教师之间要团结无间，互相配合。"为此，教师间要做到：第一，要尊重同事的劳动，维护同事的威信，发现问题要及时补台，千万不要在学生面前贬低其他老师；第二，同一学科的教师要团结互助，互相学习，新老教师之间可以通过拜师、结对子、确定指导关系等方式进行传、帮、带；第三，同一年级、不同学科的教师要密切配合，可以采取课题协作、专题研究、情况沟通、重点突破等方式，齐心协力做好工作。

三、增强同事间的团结

"文人相轻"是封建社会遗留下来的一种坏习气，指的是文人之间互相轻视、贬低的不良习气。这一现象的存在同知识分子劳动的特点有关。由于知识分子的劳动具有个体性和创造性，自我欣赏、夜郎自大是他们很容易形成的通病。

教师是知识分子的一部分，教师的劳动也具有较强的个体性和创造性。不同的教师在教学方法和教学风格上存在着普遍的差异，在大多数情况下，这些不同的教学方法和教学风格在实际效果上都是各具特色、各有千秋的，因此在客观上具有自我肯定和自我欣赏的基础。如果缺乏自知之明，不能客观评价自己，很容易妄自尊大，看不起别人，轻易否定其他教师的教育教学成绩，讽刺、打击获得各种荣誉的教师，夸大他们的缺点和不足等。这些都会影响同事之间的团结，也会对教学水平的提高产生不利的影响。

克服这个弱点，加强与同事间的团结，应从以下几方面做起：

（1）要辩证地看待自己已有的成绩。一个人不论达到多高水平，也不可能是极限，山外有山，天外有天，学海无涯，学无止境。要牢记“虚心使人进步，骄傲使人落后”的格言，做到谦虚谨慎，戒骄戒躁，不要浅尝辄止，故步自封。

（2）要看到自己的每一点进步中都包含着其他人的心血，现有成绩绝不是单凭个人努力的结果，其中凝结着领导的关心、同事的帮助、学校创造的条件，因此，不能把成绩全部记到自己的账上。要想继续进步，就要虚心向优秀教师学习，善于取他人之长、补自己之短，这样才能百尺竿头、更进一步。

（3）要给自己定出更高的目标，确定更远大的志向。凡是容易自满的人，都是缺乏远大理想和宏伟志向的人，真正志存高远的人会遥视远方的目标，不断发现自己与目标之间的距离，根本来不及骄傲。

第四节　教师与学生的交往

师生关系历来就是教育中的一个关键性问题。对于学生来讲，师生关系对其学习态度、学习兴趣、学习效果及个性发展等方面都有重要影响；反过来对教师而言，师生关系对教师的工作信心和热情也同样会产生特别的作用。对一个优秀教师而言，其教育理念的体现和教育效果的取得，无不是通过良好师生关系的建立以及合理的交往与沟通来实现的。

一、教师的角色意识与师生关系

教师的角色意识是指教师对自己所扮演的社会角色应有的行为方式的认知与期待，教师对自己自身角色的理解和期待不同，其行为方式就会有很大不同。比如有些科任教师认为自己的主要任务就是教课，班级管理是班主任的事情，与自己无关，所以在课堂上只管讲课，对学生的违纪行为则不闻不问。

按照教师角色的要求，教师不仅要让学生掌握知识，而且要让学生学会学习；不仅要让学生学会做事，更要指导他们学会做人。而这一切都必须建立在和谐融洽的师生关系的基础上。所以，教师与学生的关系不仅是教育者与受教育者、领导者与被领导者的关系，而且应该是一种平等的互教互学的关系。

教师要把自己定位为既是教育教学的管理者，更是服务者；既是知识的传播者，又是智慧的开启者；既是引领学生健康成长的先行者，也是沟通无间的知己者；同时还应成为协调人际关系的专家、化解心结的治疗师，等等。如能形成这样全面的角色意识，良好师生关系的建立就是顺理成章的事了。

二、教师的情感与师生关系

在师生交往中，随着师生间相互了解的加深，情感因素就伴随了进来。教师出于良好的职业素养，对学生产生了喜欢、欣赏、信任、期待等积极情感，自然会引起学生积极的回应，同样对教师表现出喜欢、尊重、敬佩、亲近的情感。这就会成为良好师生关系的重要基础。

当学生感受到教师对自己的信任和期待时，感激之情和不能辜负老师信任的决心就共同成为自我完善的外部动力。反之，教师对学生冷漠、生硬的态度和否定、贬低的评价，都是妨碍师生良好人际关系形成的天敌。因为这种缺乏热情和爱心的教育所伤害的不仅仅是学生的学习热情，更是在损伤他们的自尊，而青少年的自尊又是那样的脆弱，曾被苏霍姆林斯基称之为“一朵玫瑰花瓣上颤动欲坠的露珠”。这说明师生间的情感是一件十分宝贵的易碎品，得到它很不容易，只能去精心地培育和呵护。

师生间积极情感的建立，教师是责无旁贷的发起人和主动者。因为学生似乎在天性中就有着对教师的崇敬与服从，但他们的热情如果遇上教师的冰冷态度又会迅速降温乃至熄灭。所以教师不仅要做燃尽自己的蜡烛，更要做能够点燃学生热情之火的火柴。

三、师生交往中的矛盾冲突

在师生交往过程中，各种矛盾会贯穿始终。作为教育主体的学生，与起主导作用的教师进行人际互动时，不可避免地会出现各种各样的矛盾，比如教师的要求与学生的愿望不一致时，教师的教育态度与方式方法不得当时，学生对教师缺乏理解不能配合时，师生双方在某一具体事件中产生误会时，都可能产生冲突。

如有些学生上课不听讲，违反课堂纪律，不交作业，甚至做一些影响集体荣誉的事，教师就要对其批评，如果学生不能接受，就会引起师生冲

突。或者教师对学生的态度过于消极，缺乏应有的尊重和理解，动辄讽刺挖苦学生，或有体罚、变相体罚的现象，就会引起学生的反感和反抗，由此也会引发师生之间的矛盾与冲突。

1. 师生冲突的效果

师生冲突从其效果看，可分为消极的和积极的两种。

消极冲突主要是指那些对师生双方都没有任何好处，既不利于学生的发展，又不利于教师威信的提高和身心健康维护的冲突。比如，课堂上某学生说话又不接受老师的批评，激怒了教师而发生了争执。这样的冲突会引起其他学生情绪的紧张和注意力的分散，对课堂秩序会产生极为不利的影响，使正常的教学无法进行，同时也会使教师的威信降低。而且，由于师生经常处于情绪紧张、不安、激怒的状态，不但影响了学生的身心健康，同时也影响了教师的身心健康。

积极冲突则是指对于教师和学生的成长有促进作用的情况。冲突理论认为，冲突既是一种破坏性的力量，也是一种健康成长的力量，既是社会变迁的动力，同时也是社会变迁过程中的一种正常状态。冲突在组织管理上，能导致一种富有成效和不断增强组织健康功能的结果。

实际上，冲突对教师的成长具有重要意义。教师对待冲突的态度不仅反映了教师对待学生的态度，也反映了教师对待自我的态度，是教师的人性观的体现。教师在对待师生冲突问题上的不成熟从根本上说是自我发展上的不成熟。在冲突中学会管理冲突，在冲突中学会与人合作，在冲突中成长，这对教师同样是适用的。

2. 师生冲突的原因

冲突的出现一般都有其特定的原因，即相对合理性。师生矛盾基本上源自在特定时代、文化、社会背景下不断发展的青少年身体心理状况，与教师既有的价值观、教育观、学生观的不适应、不调和。这些矛盾以不同的方式表现为一个个具体的冲突事件，因此我们不妨从矛盾的主要构成着手分析。

（1）知识技能掌握与能力提高过程中的矛盾。

当教师运用教学手段对学生进行从无知到有知，从知少到知多并伴以能力培养的改变中，很容易出现目标不一致，对任务理解程度不相同，对教学方式运用看法不统一等问题，尤其是教师的经验并不能适用于每一个学生，这种适应与调整都必须有时间和观念作为保证，因此冲突会随时随地地凸现出来。

（2）自我意识发展过程中的矛盾。

个体社会化的进程在求学阶段处于加速期，独立性、自立性的提高，成人感的出现使学生积极要求教师更多地理解他们、尊重他们、信任他们。另一方面，毕竟因学生自身心理成熟水平和社会适应能力的相对滞后使理想与现实之间有着难以逾越的鸿沟。这时教师所扮演的角色常常是训教者的身份，冲突便由此爆发。

（3）品德形成过程中的矛盾。

学校教育一直同社会现实存在差距，而学生品德形成又同时受到学校教育和社会大环境的共同影响，当两者不可调和时，在学生尚欠成熟的心海中会掀起波澜，特别是当教师的言传与身教明显不一致，与社会现实严重脱节时，渴望"学会做人"的学生与努力"教会做人"的教师之间的冲突便尖锐起来了。

3. 师生冲突的解决

许多抱怨"现在的学生越来越难教了"的教师，如果仍不能正视这些矛盾的存在进而从中去反思自己应如何去理解他们的话，那么冲突将只有激化，问题只会愈发复杂。

面对矛盾与冲突，我们不必为此而忧虑，因为既然它们的存在具有必然性，那么我们所要做的就不应该停留在为什么上，而是要去思考如何将矛盾转化，使之成为促进学生自我教育、自我提高的内驱力。不过，要使教师的某些观念发生转变并不容易。如由应试教育向素质教育转型过程中，教师对学生的评价标准往往一时难以改变。再如当学生一天天长大，年级渐渐升高，教师却与他们的接触越来越少，沟通越来越困难，原因多

半是教师错误地认为学生已不再需要沟通或因为对学生的不理解而害怕接触，其结果则是教师在学生心目中的威望相应的越来越低。

解决师生冲突的关键是教师。因为在师生交往中，教师始终是处于主导的一方。能否建立良好师生关系的关键是教师，解决师生冲突的关键仍然是教师。教师能否用正确的态度对待学生，热情、耐心地帮助学生，真诚、平等地与学生沟通，使学生不断加深对教师的了解，是建立良好师生关系的基础。同样，教师能否对师生间发生的冲突进行冷静的分析，给予充分理解，特别是能否站在学生的立场上对学生的表现给予足够的理解和谅解，同时对自己的教育态度和方式方法进行认真的反思并作出适当的调整，也是解决师生冲突的一个重要前提。

如果师生冲突不可避免时，教师要冷静，泰然处之，防止师生冲突的加剧，以至于不可收拾。在冲突中教师应当对自己的工作进行反思，找出师生冲突的症结和自己思想方法与工作上的不足。不能采取强制的做法。

但是，教师不能为了解决师生冲突而放弃原则，屈从于学生的压力。教师应该在检查自身问题的同时，取得学生的理解和支持，帮助、引导学生客观地分析师生冲突产生的原因，共同找出解决问题的办法。

四、师生交往中的行为调控

对于矛盾冲突，教师在发现原因、直面现状的同时，更需要去努力寻找最大限度地使之转化为促进良好师生关系发展的契机。以下为针对不同的冲突表现需要进行的相应的行为调控：

1. 冲突控制

教师与学生在追求教与学的目标方面存在着差异。教师由于其角色身份，向学生提出的目标要求通常来自于政府教育部门和学校组织的意愿，这就很难与每一位学生以其个人为出发点而确定的目标达成一致。如果这时教师一味强调自己的权威性、固执己见的话，冲突就无法得到控制。只有以民主的方式，平等的姿态同学生沟通以形成共识，用非权力的影响力对学生进行约束和教导，才能最终形成共同目标。

2. 态度冲突控制

正确的交往态度会使人自然而然发生情感卷入，反之则只可能引发强烈的冲突。教师对学生的态度表现出自身的个性特征，也取决于基本的学生观。试想一个认为学生是工作中的麻烦，不断想方设法要制服它的老师，能否以理解宽容的态度来对待学生呢？另外，我们每个人都爱听赞扬，厌恶和批评可能令人反其道而行之。所以大多数人在人际交往中遇到了困难和障碍，根本原因是自己对他人态度体系的缺陷间接造成的。这足以提醒教师，对待成长中的青少年，什么样的态度决定什么样的结果，你的微笑会换来灿烂的笑容，你的表扬与鼓励将赢得学生的尊敬和爱戴。

3. 认知冲突控制

常言道："听其言、观其行则知其人。"教师试图去了解学生，学生也同样地来探询老师。一旦在相互认知过程中出现偏见、刻板印象、光环效应、以偏概全等问题即心理的错误认知，离冲突的发生也就为时不远了。

在日常的交往中，教师应首先作出表率，将一个真实的自我展示给学生，这里的"真实"是指不矫饰、不遮掩、不夸大自己的限制和优点。再通过多方位的接触使学生全面地、客观地认识教师、理解教师，形成中、深度卷入的人际关系状态基础。此外就是要主动进行心理换位思考，不过应注意纠正换位思考的一个理解误区，即认为换位就是为了认同对方。其实不然，心理换位是一种充分理解对方意图的方法，它并不代表我站在你的立场考虑问题就一定要同意你的观点和意见。

4. 交往规范冲突控制

在学校中，教师无疑是学生认同的权威，也有权力用规范去要求学生。但权威未必被学生信服，规范也未必具有强制力。特别是教师强硬地用压服的手段去以心理（规范）服人时，权威与规范都可能大打折扣甚至失效。这种冲突的调整，更多需要教师合理地、灵活地运用规范，寓情于

理，让学生形成自觉遵守规范的意识。

师生这对矛盾体在人际互动中呈现出一种特别的样式，调整适当会朝有利于沟通的方向转化，控制不当而导致的冲突激化则很可能造成严重的后果。教师应在实践中积极探索并逐渐掌握适合自己的行为调控方法，将师生之间的心理距离调试到一个恰当的位置，使自己真正理解和洞悉学生心理的差异性，因材施教，引导师生人际交往步入良性循环，为教育目标的实现和学生的全面发展创造条件。

第五节 教师的其他人际交往

在教师职业范围内，除上述的与学生、与同事、与领导等典型人际关系表现外，还有一些与之相关的人际活动，如同学生家长的交往，对自己子女的教育与沟通等。这些人际交往的效果如何，同样影响着教师的心理素质和专业发展。

一、同家长的合作

教师与学生家长之间人际关系形成的纽带是学生。作为共同的教育对象，学生受到双方的关注，是交往内容的核心甚至全部。理想的沟通是在教师、学生和家长三方之间建构起一个三角形的双向互动模式，使每一方都能够获得另两方传递的有效信息。特别是教师与家长通过及时联系，在更高程度上对学生的教育引导实现互补性与一致性的促动，合力推进学生的成长。

遗憾的是，现实中许多教师并没有与家长建立起一个以共同目标为基础的良好互动关系，甚至根本就没有发生互动。像不少家长只是在家长会时见过班主任，并且没有很好地向教师详细了解自己孩子的情况，而教师也对大多数家长根本对不上号，造成沟通渠道不畅。沟通渠道不畅的结果就是许多信息只能依靠学生进行传递，中间产生的一些障碍很可能会导致双方对学生要求和态度的矛盾，有时还会造成家长与老师之间的冲突。

实际上，教师与家长之间的人际交往具有非常重要的意义和作用，它直接关系到学生能否得到一个来自家庭和学校共同形成的良好教育氛围。这其中首要的问题是教育要求的一致性，因为教师和家长都在对学生提出

要求，但由于双方在教育观、价值观以及具体的教育方式上存在着差异，并且对学生自身的心理发展特点在认识上也不尽相同，所以具体要求经常不同甚至截然相反。这样会令学生进退两难、无所适从，时间长了将慢慢产生反感抵触、厌倦焦虑等情绪，不利于他们的心理健康，也干扰师生关系和亲子关系。为了令双方满意、自己过关，学生往往撒谎、两边隐瞒，使品德的形成也受到影响，严重时还可能导致双重人格及行为的出现。

另外，教师与家长的这种人际交往实际上是一种在共同目标下的合作关系，而作为其合作基础的学生，由于在家庭和学校中所承担的社会角色不同，相应的行为表现也有着不同。因此对教师而言，及时互通有无，使教师能够了解到学生的另外一面，更加全面地掌握更多信息，从而为调整、改进教育措施与手段，为因材施教提供依据。对家长而言，应通过从教师那里获得的信息，受到的指导来纠正一些不正确的教育态度、教育观念和教育方法，优化家庭教育环境，把在学校里已取得的教育成果带回家，并得以强化和巩固。

当然，家长、教师形成、发展良好的合作关系必须遵循一定的原则，否则双方的差异势必会导致矛盾、分歧，令合作难以很好地进行下去。具体地，应该坚持以下基本原则：

1. 教育性原则

教育学生使其健康成长是教师同家长合作的出发点与归宿点。在这一明确的目标前提下，学生理应被放在中心地位。教师一方面要为学生提供良好的交往形象，用自己与家长交往中的实际行动做出榜样；另一方面要杜绝利用家长爱孩子的心理来提出不合理要求，例如教师节让学生“献爱心”，要求学生家长为自己办私事，等等。这是违背教育性原则的，会令教师丧失学生的尊重和家长的信任。

2. 主导性原则

交往过程中，教师应主动地发挥作用。这是因为在学生成长的诸多影响因素中，教师是居于主导地位的。在与家长的合作中，教师的主动姿态会促进家长交往的积极性，使其更好地来配合教师，共同实现教育目标。在主导性原则指导下，教师可以通过多种途径来实现沟通，像家访、家长会、家教专题讲座以及家长委员会等形式都是常用而且有效的。

3. 平等性原则

诚信尊重、平等相待是与家长交往中教师必须恪守的一项基本原则。它要求教师对所有的家长一视同仁，尊重、合理地对待家长意见。如果对有的家长热情逢迎，对有的家长傲慢冷淡，这种不公平会严重妨碍交往，挫伤家长和学生的感情。而且厚此薄彼的态度也反映出教师的功利的心态和不健康的人格。

4. 及时性原则

沟通和信息反馈要及时，教师和家长无论哪一方发现了问题，都应迅速与对方取得联系，认真查找原因，共商解决办法。这既可以帮助学生尽快克服困难，又能够防止问题进一步加剧，避免因时间拖延而导致解决问题的难度加大。所以重视和坚持及时性原则是非常必要的。

以上这些原则相辅相成，在教师与家长的合作中起到制约与保证的作用，使双方的互动积极有效地进行下去，引导交往向着有利于学生健康成长的方向发展。

二、和子女的沟通

教师是普通人，也过着平常的家庭生活。他们与自己家人之间的交往在多数时候与其他家庭没什么两样。但因为教师工作有其特殊性，于是这种人际活动不可避免地反映出相应的职业特点，尤其是在子女教育和沟通的问题上。

在家里，教师作为家长，承担着对自己孩子的教育任务。照理说，教师教育孩子有其得天独厚的优势，许多人羡慕教师也正是由于有这方面的便利。而事实上人们却常常发现，有些教师在学校中工作敬业、对学生关

怀备至，但回到家似乎精力用完、热情耗尽，对自己的孩子很少过问。有些教师对学生宽容理解，却唯独对自己的孩子苛刻专制，与对学生的态度截然相反。还有的教师对学生严厉要求、缺乏耐心，对子女却爱护得无微不至甚至娇惯放纵。而这些教师的孩子们，多数没有因为家长是老师就发展得更出色，反而出现了学习困难、品行障碍等问题。

这些现象的背后，反映出的其实是同一类问题，即教师对学生和孩子的教育态度不一致。与教育态度紧密联系的具体教育方式所导致的结果是相同的：一方面孩子的发展受到影响，亲子关系不协调甚至严重破损；另一方面，教师对学生的教育、对家长的指导都会因此而缺乏说服力，降低工作绩效。

所以，教师的正确教育思想与教育方法并不仅仅局限在学校情境中，也同样应该在家庭教育中得以贯彻实践。而不正确的观念和做法则须抓紧改进。

对子女的教育要从合理、有效的沟通开始，关心他们的需要，了解他们身心发展的特点，担负起应尽的义务和责任。使教师的亲子关系和师生关系彼此促进，实现科学的整合，使家庭教育与学校教育同步前进。

第六节 人际交往中的教师形象塑造

人与人之间因种种原因形成的友好、亲近和喜欢等心理现象被称为“人际吸引”。其中因素包括需要的互补、时空的接近、共同的特征、交往的频率、功利的交换以及才华、仪表等。而在这种吸引开始发生的时候，对方在自己心目中所形成和确定的形象，我们称之为“人际形象”。如果交往双方都具备了对方所倾向的吸引条件的话，那么形成的人际形象就会很好，沟通也就自然而然地发生了。

教师在职业范围内的人际吸引主要来自于学生，教师以其真诚、乐观、积极、开放的态度和热情、宽容、睿智、幽默的性格特征感染和影响着学生，会在无形中起到示范的作用，这就是我们所说的“人格魅力”。而每一个教师在关注自己人际形象的同时，其实也是在为塑造整个教师群体的形象贡献力量。

一、学生喜欢怎样的教师

良好人际形象树立起来并不容易，需要天长日久地去营造、悉心呵护，而破坏它却轻而易举。只需一两件事处理不当、一两句话注意不好，教师的人际形象就可能在学生心目中一落千丈。

学生对教师的评价无不来自于教师日常的行为表现。作为教师，与学生交流最多的场所就是课堂。因此教师在教学过程表现出教法单调、呆板，表达能力差，对课堂秩序控制不利就成为学生产生否定态度的主要原因了。这实际上是教师专业能力和从业态度的体现，而能力的提高必须依赖于教师工作态度的改进。对有些教学水平不高的教师，学生却并不很排

斥，因为他们正以积极的态度、不断的努力提高自己的业务水平，这一点学生看得很清楚。相反，有的教师很具潜力但却不愿把精力更多地投入工作，得过且过，这才是学生最反感的。在管理中专制独断，对学生讽刺挖苦或态度急躁，对待学生不公平、偏心，教育方式简单生硬等表现，所反映出的是教师自身修养水平的欠缺和性格成分中的某些缺陷，这都会令学生产生反感而影响师生关系。

此外，平时一些看似细节，教师本人并不太在意的问题，像不修边幅、不讲卫生或服饰装扮过于时尚、夸张，言行举止随意、粗俗或者煞有介事、做作，不守时，经常迟到或拖堂等，都会破坏教师在学生心目中的人际形象。

相关调查显示，受学生欢迎的教师特征是，首先教学受到学生的欢迎，教师以其简洁、生动的语言，深入浅出地把学生带入相关的知识领域，使学生不仅爱听、爱学，并且会听、会学。其次是在个人品格方面，能够做到公平、宽容、诚实守信、平易近人，这些品质不仅为教师赢得了学生的尊敬，更在潜移默化中给学生提供了良好的身教，起到了榜样的作用。再有就是教师以其自然整洁的风度仪表，规范得体的举止言行给学生树立起良好的个人生活形象和审美规范，用个人的魅力感召和引领着学生积极健康地成长。

二、教师人际活动中常见的心理问题

教师承担着教书育人的神圣职责，在某些时候还要充当学生心理顾问的角色。但这些并不意味着教师本身就没有心理问题。毕竟作为普通人，又处在当今社会转型时期，来自工作、生活各方面的变化和压力，使教师不时处于应激状态而难以迅速适应，很容易导致心理失衡甚至产生心理障碍。我们发现在教师群体中相对典型且出现频率较高的心理问题包括：

1. 嫉妒

有人说嫉妒是一剂慢性毒药，蚕食人的理智，吞噬人的健康，谋杀人际关系。这样的比喻入木三分，十分深刻。随着社会竞争的日益加剧和分配差异的逐渐拉大，由于传统文化的消极影响和个人性格上的某些缺陷，在利益再分配的过程中，嫉妒的表现正悄悄萌生在一些教师的心头。

比如同一学科组内教师在教学效果、科研成果等方面的比较，同一年级中教师在班级管理工作，考试成绩方面的对比，同一年龄段里教师在晋升职务、职称时的比争等等。而一旦优胜劣汰的结果被绝对化，当竞争直接触及到个人的既得利益，这时往往嫉妒就会乘虚而入。当局者采取种种损人又不利己的荒唐想法和行为去掩饰自己对竞争失败的恐惧和焦虑，但结果常常适得其反。

嫉妒仿佛是个无法抑制的毒瘤，在侵蚀人际关系的同时，更在折磨自己的灵魂，让人寝食难安。这种时候，只有及时改变认识、正确地去看待竞争，发现并借助它积极的动力性作用，同时不断提高自身修养，才有可能根治嫉妒这一恶疾。

2. 偏见

有的教师在解释自己偏爱或偏恶某些学生的原因时强调，人的性格差异使我们无法对同一件事物或同一个人持有完全相同的看法，因此教师面对众多的学生，当然也不可能把情感平均分配。这听起来似乎不无道理，可实际上这是把人的自觉能动性同绝对化的非理性信念混淆起来，其认识是非常有害的。

许多研究表明，教师的态度在影响学生成长因素中居于重要的地位。学生自尊被伤害，自信被打击，失去前进的动力，在很大程度上都是由于教师因偏见而产生的刻板印象所导致。青少年敏感的心灵使他们很容易从教师的表情、语气和眼神中捕捉到冷漠、蔑视、疏远等信息，从而读懂自己在教师心目中的位置；在这样的期待效应下，师生关系将严重地破损，学生的成长道路也就被笼罩上阴影。所以教师必须认真地反思这一问题，确保在思想上对学生一视同仁、平等对待。

3. 自我中心

在学校中你会看到有这样一些教师，作为班主任他们非常重视自己班

级的利益，作为科任教师则特别强调自己学科的重要性。这些教师在其班级本位和学科本位的背后，对学生则是命令要求多、倾听沟通少。因此，他们不仅招来其他班学生、其他科任教师的反感，而且还受到本班同学的非议。

通过这些现象我们认为，这类教师存在着过度的自我中心意识。他们对学生，甚至对同事指手画脚、责备苛求，听不进意见、一意孤行。毫无疑问，这样的教师无论在师生关系还是同事关系方面都不会形成良性沟通，慢慢地把自己变成孤家寡人。

它的消极作用还有，当一部分学生渐渐适应了教师的态度和行为方式后，他们在耳濡目染中可能会不自觉地接受、模仿，也向唯我独尊，不顾他人需要与感受的思维、行为模式演化。如果由此塑造出一批自我中心主义者的话，那么后果是相当严重的。

4. 自制失控

教师的工作相对繁重而且琐碎，常常听到有人抱怨工作太累、收入太低、学生太不听话等。另外，教师各自家里都有一堆事情，特别是目前中小学中女教师比重很大，更是忙完了工作忙家务，管完了学生管孩子。如此操心费力，难免会把生活里的一些情绪带到教学、班级管理以及和同事的交往中，这是可以理解的。

但如果总以此为借口，在工作与交往时情绪化严重，那么这种自控意识差、自制水平低的表现就变成妨碍正常教育活动和人际交往的心理问题了。对此，应让教师学会一些行为调控的方法并有意识地使用，以改善人际关系、提高工作绩效。更重要的还是调整认知，适应生活节奏和工作要求，使自己真正摆脱自制力失控的心理困境。

三、教师对人际交际心理问题的有效调适

教师在人际交际中存在一些心理问题，就其本身而言并不可怕。因为那些大多属于一般性心理问题，只要认识到了并及时地疏通、矫治，是不

会产生太大的影响的。但是又必须重视下面两种情况，因为如果不加注意，忽视可能导致一般性问题发展为严重的心理障碍。对教师本人及其家人、学生、同事等造成更大的损失。

（1）对存在的问题没有及时发现。如前面说到的教师自我中心问题，就往往只被认为是个性好胜、要强，工作作风不民主等，包括当事人自己可能也没有准确地认识到表象背后的原因。这样，问题便被隐藏了起来，从而将会带来难以估计的消极影响。

（2）虽然认识到问题的存在，但没有及时进行调适。这里既有方法上的原因，也有思想上的问题。调适的方法属于技术性问题，通过心理咨询人员的指导和阅读心理自助读物，只要坚持实践就会取得收效，比如一些调节情绪、控制行为的方法就相对容易掌握。转变起来比较困难的则是明知故犯的情况，即教师能够意识到自己的问题，但却在主观上缺乏转变的动机。像偏心的教师很清楚自己在想什么、做什么，但却不以为然，不愿改变。其结果是教师的错误观念与学生的抵触情绪形成循环验证效应，使师生关系恶化，导致学生联名要求更换教师、故意对抗教师等严重的后果。

总的来说，教师的人际心理现象表现出丰富的形式和内容，它直接关系教师自身工作、生活的顺畅进行，同时也对其他相关人群具有非常重要的影响。因此必须关注和重视教师在人际交往中的心理健康，即是进行积极有效的调适。

第六章　优秀教师的人格塑造

教学除了是一门科学、技术之外，它还是一门艺术。这门艺术的感染力、影响力，不是来自于教学的内容、方式方法，而是来源于教师自身的人格。尽管课堂教学是以知识技能的掌握及能力的培养为主要目的，但教育的最终目的是要培养具有健全人格的人，因此我们永远都不能低估教师人格的影响。

第一节　教师人格及其作用

俄国教育家乌申斯基曾说：“教师人格对于年轻的心灵来说，是任何东西都不能替代的最有用的阳光；教育者的人格是教育视野的一切。”千百年的教育历史和教育实践也告诉我们，教师人格是一种不可或缺和无法替代的教育力量。

一、教师人格的含义

对教师人格究竟应该怎样定义，国内外一直都没有明确的界定。人们对教师人格的解释是仁者见仁，智者见智。有人重视教师心理的一面，如性格、气质、能力等心理特征；也有人偏重于道德要求，如责任心、公正性等。

教师人格是指教师在自己原有人格的基础上，为适应教师这一社会角色规范的要求，在教育活动中形成并表现出来的心理行为特征的综合，如履行教师角色的责任心、成就动机、工作态度、对教师职业的信念等。

教师人格包括两个层面：一是教师作为社会中的个体在普遍意义上具有的人格；二是指教师这一特定职业所赋予个体的独特的人格特征。前者是后者形成的基础，后者是对前者的提升和重塑。

教师人格作为教师重要的心理素质，直接影响着教育活动中教师的价值取向，也影响到社会对教师的价值认定。因此作为教师，除了必须以满腔的热情对待事业、对待学生以外，还必须自觉地、高标准地去塑造自身的人格。

二、教师人格与学生的发展

人格决定我们以什么态度对待别人，虚伪、狡猾、懒惰、自私、卑鄙、不守信用、冷酷等是人际交往中不受欢迎的人格特质；而热情、真诚、慷慨、助人、守信等人格特质是人际交往中人们所喜欢的，在人格修养中应充分发挥。

1. 教师人格决定师生关系

与一般人际交往不同，学生既是教师交往的对象，同时又是教师工作的对象。教学活动尽管是围绕教学内容进行的，但教师在教育、教学活动中绝不仅仅是单纯传授知识，而要与学生进行多方面的沟通，从而产生多方面的相互影响。这种交往不仅仅局限于课堂教学活动中，而且渗透在学校全部的教育活动中。教师的一言一行、师生之间的交往方式、教师对待学生的态度、教师之间的交往、上下级之间的交往等都会对学生的成长产生影响，有些影响是在潜移默化中进行的。

在师生关系中，教师是起主导作用的一方，教师对待学生的态度与方式会对学生产生极其深远的影响。一个温和的、友好的、善解人意的教师会使学生易于亲近；一个自信、乐观、思维敏捷、意志坚定、富于创见、诚实可信的教师会令学生感到钦佩；一个乐于助人，善于与人合作，坦率、真诚的教师更易于与同事在工作中建立良好的人际关系，形成一个团结的教育集体。一个具有良好人格特征的教师在教育、教学上一定能够对学生产生巨大的感染力，从而取得更理想的教育效果。相反，教师人格魅力欠缺会造成师生沟通不畅。

我们通常把教师的作风分为三种类型：民主型、专制型和放任型，而其中以民主型的作风最受欢迎。民主的作风可造就出活跃的、平等的、和谐的课堂气氛，师生之间形成的民主平等、尊师爱生、心理相容的师生关系，能极大地增强学生的自尊心和自信心，减轻或消除学生的心理压力，使他们发现自身的价值，主动去适应各种变化、挑战、竞争、挫折和失败，以乐观向上的态度去面对学习、面对人生，使学生个性得到健全发展。只有具备态度认真、亲切、和蔼，与学生以友好、平等、尊重的方式相处等人格特征的教师才会具有民主作风。

2. 教师人格与教学效果

心理学家瑞安斯曾对教师的个性特征及其对学生的影响作了详尽的研究。研究表明：不同行为模式的教师对学生的学业成绩及个性产生不同的影响。教师的热情对学生的成绩、学习兴趣及其行为的丰富性、创造性等有显著的影响；教师的条理性、系统性、责任心和务实性等行为特征与学生的学习成绩之间呈正相关；富有想象力和激情的教师会刺激学生的学习行为，激发其认知动机，并使其达到更深的理解力。

加拿大心理学者柏恩于1964年提出的人格结构的P、A、C理论，也从另一个侧面说明了扮演不同角色的教师的教学效果，存在着明显的差异。他认为：个体的人格结构，一般有P、A、C三态，P是父母态，A是成人态，C是儿童态，但个体之间的主导态是有差异的。以父母态为主的教师有明显的优越感和权威感，办事往往凭主观印象、独断专行、滥用权威；以成人态为主的教师具有客观和理智的表征，善于根据过去的经验，估计各种可能性后作出决策；以儿童态为主的教师则容易冲动，表现为服从和任人摆布，缺乏主见、优柔寡断。显然，P型和C型人格结构的教师不利于学生积极地、主动地、富有创造性地参与教学过程，只有A型人格结构的教师才能取得理想的教学效果。

教师要实现人格的教育价值，就必须充分认识到加强教师个性修养的重要意义，自觉地、持之以恒地在教育教学活动中，逐步提高、完善自身的人格，以最大限度地发挥教师人格对学生的示范作用。

3. 教师人格与学生人格发展

俄国教育家乌申斯基曾说过：“在教育工作中，一切都应该建立在教师人格的基础上。因为只有从教师的人格的活的源头中才能涌现出教育的力量。只有人格才能影响人格的形成和发展，只有性格才能形成性格。”

有研究者曾经做过这样的实验：让三类性格的教师各带一组学生，经过较长段时间后，发现在实验前基本一致的三组学生性格出现了明显的差异性。第一组教师性格和善，办事民主，在他的影响下，此组学生性格比较稳定，待人态度友好，学习积极进取；第二组教师比较严厉，遇事专制，在他的影响下，学生情绪比较紧张，感情淡漠，行动往往带有攻击性；第三组教师性格冷漠，对学生放任不管，这组学生的行为也漫不经心，言谈举止放任，人际关系不良。

教师的人格具有深入性、持久性、渗透性的特点，是一种深刻的非权力影响力。正如孔子所言："其身正，不令而行；其身不正，虽令不行。"完美的教师人格不仅使教师达到"不教而教"的境界，而且使学生在积极主动地学习书本知识以外，还能把握无法物化在书本中的人生哲理，感悟心灵的高尚和自由，从而使其对学习、生活、工作乃至整个人生都产生一种全新的感受和深层的把握，激发他们对理想的追求，对真善美的向往。

三、教师人格与自身提高

人格因素对个人成就的影响为许多心理学家所关注。在职业指导中，除了要了解一个人的兴趣爱好、理想、人生观、价值观、能力、气质类型等因素外，我们更多地要了解一个人的人格。

1. 教师人格决定个体成就

美国斯坦福大学的著名心理学教授推孟及其同事曾对1500名智力超常的学生进行了长达50年的追踪研究，通过对其中最成功和最不成功的各150人进行分析比较，发现两者之间在智力上并没有什么大的不同，而"人格因素是取得成果的极为重要的决定因素"。推孟教授在《天才的发生学研究》一书中写道："在最成功和最不成功的人之间，差别最大的四种品质是：取得成果的坚持力，为实现目标不断积累成果的能力，自信力和克服自卑的能力。总的来看，这两组人之间的最大差别是多方面的情感和社会的适应能力，以及实现目标的内驱力。"

作为教师，如果具有开朗、自信；宽容、真诚、热情、关心学生等良好的人格特征，必然会受到学生的喜欢；如果对待教学工作热忱、认真，肯于钻研，具有创新精神和能力，必然会成为一个优秀的教师。反之，如果一个教师具有自私、狡猾、虚伪的人格特征，对学生冷酷、漠不关心，学生是不会喜欢的，尽管具有渊博的学识，也难以为学生接受。可见，教师对学生和工作的态度与方式是决定个人发展与前途的关键因素。

2. 教师人格与身心健康

教师人格的健全发展是其心理健康的重要标志，而心理健康的水平又反过来会影响教师人格的健全。有关研究发现，心理问题与教师人格特征中挫折忍受力、责任心呈显著负相关，与焦虑水平呈显著正相关，这表明心理问题的存在会降低教师对遭遇挫折的忍受力和已有的责任心，增加教师的焦虑症状。

另外，人格对人的身体健康也有影响。医学家巴登的研究发现：同一类疾病的患者往往具有类似的性格特点。如偏头疼患者的性格特点是尽善尽美、死板、好争、嫉妒；高血压患者的性格特点是好高骛远、愤怒被压抑；心脏病患者的性格特点是忙碌、好胜、好争、急躁、善于把握环境等。而教师中具有这种人格特点的人较多。

3. 教师人格有助于提升教师自身素质

教师人格不仅对完善学生人格具有教育作用，对协调教育关系具有调节作用，对提升教师自身的素质也有促进作用，也就是说，教师人格反过来影响教师自己，教师人格可以调节教师内在的心理活动和外在的工作、学习、生活等行为。

良好的教师人格有利于提高教师进行自我的心理调节的能力和水平，保证教师本人的心理活动在较高水平上运转，有利于促进教师对教育教学的自觉追求，从而不断完善教师自身形象，达到提高教师自身素质的目的。

教师人格是教师在教育教学实践中不断积累形成的，它一旦为教师所

接受和认可，便会成为教师内在的一种需要，根据现代行为科学理论，这种需要将进而转变为教师的行为动机，并产生自觉追求教师人格各种要求的行为。具有良好教师人格的教师会主动根据时代的需要和社会发展的需要，拓展自己的知识面，刻苦钻研自己的专业知识，构筑合理的知识体系，提高教育教学的技能；教师会有意识磨炼自己的意志品质，调节现实生活中遇到困难和挫折后的不愉快，避免对教育教学产生不良影响，教师会注意自己行为选择的道德取向，重视教师行为对学生、社会的影响作用。教师就是在自己对教师人格的自觉追求过程中不断提高自身综合素质的。

第二节　教师的人格特征

一、教师人格的基本特征

教师人格的基本特征指作为社会个体的教师所具有的共同特征。它包括：

1. 教师人格的整体性

人格是一个统一的整体结构，反映人的整个精神面貌。它所包含的各种心理特征不是孤立存在的，也不是机械地联合在一起，而是错综复杂地相互联系、交互作用的一个完整的整体。教师的职业行为是其人格各个构成部分密切合作、协调一致的活动结果。

教师职业行为如果失去了他的人格内在统一性，他的行为就可能会为几种相互抵触的思想动机所支配，他的人格就会处于不健康状态，产生人格分裂，即出现双重人格或多重人格。

2. 教师人格的稳定性和可塑性

人格是一个人的比较稳定的心理倾向和行为特征的总和。描述一个人的人格时，总是指他经常的、一贯的表现，而不是指他的偶然的、暂时的表现。例如，一个教师处事一贯谨慎稳重，循规蹈矩，偶然表现出冒失、轻率的举动，我们不能因此就说这位教师具有轻率的行为特征。强调人格具有稳定性，但并不排斥人格的可塑性，教师要不断自觉主动地调整自己原有人格素质结构中不适应、不合理的成分，进行人格修炼，以满足当今社会的需要。

3. 教师人格的独特性

人格的独特性，是指人与人之间的心理行为是各不相同的。如这位老师活泼开朗，那位老师沉着稳重等。同是热爱学生，有的老师对学生热情关爱，有的对学生严格要求。

4. 教师人格的社会性

人格是在个体生活过程中逐渐形成的，它在很大程度上受社会文化、教育教养内容和方式的影响。不同社会的政治、经济、文化对个体有不同的影响，使人格带有明显的社会性。当今中国社会飞速发展，也将造就复杂性、开放性、创造性人格素质，同时，也对当代教师的人格素质提出了新的要求。

5. 教师人格的完美性

教师的育人性功能决定了教师人格的完美性。一个真正优秀的教师，必然具有完美或相对完美的人格特征，不仅是学生学习的榜样，而且也是他身边的其他人，乃至一个时代所推崇的人格典范。在优秀教师身上，集中体现出对真、善、美三者的自觉追求。真、善、美三者的和谐统一是教师人格的完美体现，也是人生的最高境界。

二、优秀教师的人格特点

不同人格特征的人在职业选择上有很大差异，当人格特征与职业特征相匹配时，人会在工作中表现出最大的积极性，使其优势得到充分发挥，特定的职业需要人们具有某些特定的人格特征。那么，作为教师具备什么样的人格特点才能被学生喜欢和尊敬，达到预期的教育效果呢？

我国著名的教育心理学家韩进之在总结国内外研究的基础上提出，一个优秀教师应具有以下优良的个性品质：热忱关怀、真诚探视、胸怀宽阔、作风民主、客观公正、自强自信、耐心自制、坚韧果断、热爱教育事业。

学者连榕总结了优秀教师的人格特征：坚定自信、意志顽强；冷静沉着、深思熟虑；兴趣广泛、幽默风趣；愉快活泼、聪慧豁达；机智严谨、果断刚毅；民主公正、热情开朗；平易近人、助人为乐等。

学者张焰等在研究中，用《青少年学生评价教师人格特质形容词检核表》调查的结果表明，公正的、正直的、负责的、踏实的、真诚的、品德高尚的、知识渊博的、可信赖的、爱学生的、平等待人的等，是学生评价很高的教师人格特质；而粗暴的、悲观的、专横的、无耻的、迂腐的、肤浅的、自卑的、虚荣的、傲慢的、虚伪的等则是青少年学生最反感的人格特质。

总之，善于交际、合作、乐于助人、责任心强、情绪稳定、热情、健谈、诚实可信、敢于创新、想象力丰富、聪慧、善于接受新事物、宽容、仔细、勤奋、意志坚强等是从事教师这一职业必不可少的人格特点。另外，历代教育家提出的“学高为师，身正为范”、“为人师表”、“以身作则”、“循循善诱”、“诲人不倦”、“躬行实践”，既是师德规范也可视为教师优良的人格特征。

第三节　教师健全人格的塑造

健全人格是指各种人格特征的完美结合。教师健全人格是指教师个体人格特征和职业要求的完美结合。

一、教师健全人格的特点

根据国内外的研究，可以从三个方面概括教师健全人格的特点：

1. 人格健全的教师内部心理和谐发展

人格健全的教师，需要和动机、兴趣和爱好、智慧和才能、人生观和价值观、理想和信念、性格和气质都向健康的方向发展。内心协调一致，言行统一，能正确认识和评价自己的所作所为是否符合客观需求，是否符合社会道德准则，能及时调整个体与外部世界的关系。一个教师如果失去他的人格内在统一性，就会出现认识扭曲、情绪变态、行为失控等问题。

2. 人格健全的教师能够正确处理人际关系

人格健全的教师在人际交往中显示出自尊和他尊、理解和信任、同情和人道等优良品质。在日常交往中既不随波逐流，也不孤芳自赏，能够使自己的行为与朋友、同事、学生协调一致。

3. 人格健全的教师能把自己的智慧和能力有效地运用到教育事业上

人格健全的教师在学习、工作中被强烈的创造动机和热情所推动，并能和他们的能力有效地结合起来，从而勇于创造，善于创造，经常有所发现，有所革新，有所建树。他们的成功，往往又为他们带来满足和愉悦，并形成新的兴趣和动机，使他们的生活内容更加充实。

具体来讲，教师健全人格应表现为：

（1）客观地认识和评价自我的能力、水平，并能悦纳自己。

（2）正确认识、对待同事和学生，与周围的人和睦相处。

（3）适应教育教学环境，懂得充分利用环境条件并与环境协调发展。

（4）有较强的心理承受能力和自我调节能力，对待挫折和不如意能及时调节，不偏激，能控制自己的情绪。

（5）有积极的工作生活态度，有实现自身价值的追求，能从自己所从事的教育教学工作中得到满足。

二、教师塑造健全人格的途径

人格既有稳定性，又有可塑性。人格更多受后天的影响，个人的努力在人格完善方面起着积极作用。下面介绍一些塑造教师健全人格的途径与方法：

1. 读书，确定自我完善的方向

塑造良好人格，首先要明确什么样的人格特征是最理想的。这就要博览群书，增长见识，在形成正确人生观、价值观的基础上，形成正确的人格理念。在这方面，英国哲学家培根的论述具有很大的启发价值，他说："读书在于造成完全的人格……读书足以怡情，足以博采，足以长才，……读史使人明智，读诗使人灵秀，数学使人周密，哲学使人深刻，伦理学使人庄重，逻辑、修辞学使人善辩，凡有所学，皆成性格。"

读书的意义不仅在于开阔眼界、增长见闻，更重要的是，书中对各种人物的介绍和评价可以作为做人的尺子和镜子，给我们提供各种各样的榜样和范例，从中可以使我们学到许多做人的道理，逐步形成一个比较理想的人格模式，这就是人对自己人格塑造的一种追求，也是自我完善的一种理想目标。有了这样一套理想目标，自我完善才有了明确的方向。

2. 慎独，加强自我修养的自觉性

在通过自我教育塑造良好人格的过程中，内省和慎独是自我完善的两个基本途径。内省和慎独都是古人提倡的修养方法。孔子的弟子曾参就曾使用“吾日三省吾身”的方法来进行自我修炼。

“内省”就是自我反思、自我剖析、自我检查、自我改进的自我完善过程，即自我监控的过程。这是人所特有的能动性的突出表现，也是人的心理活动的最大特点。一个人的修养水平能达到什么样的境界，完全取决于自我监控的自觉性。

“慎独”的提法见于《礼记·中庸》：“莫见乎隐，莫显乎微，故君子慎其独也。”意思是说一个人如果真要培养自己的优良人格，就要做到有人没人一个样，即使没有别人在场，该遵从的规范一定要遵从，不要因为没人看见或觉得事情很小就放纵自己。这实际是个自觉性和自制力的培养问题。

通过内省，能够帮助我们发现不足，及时改进；通过慎独，可以使我们养成稳定的行为习惯，增强行为的自觉性。这些对于良好人格的培养与塑造都具有重要的意义。

3. 求教，增强自我认识的客观性

尽管内省法是一种自我完善的重要方法，但人的自我认知仍然有一定的局限性，就好比一个人很难看到自己的后脑勺一样，自我认知也有一定的盲区，这就会妨碍了我们发现不足、完善自我。在这种情况下，以人为镜，寻求别人的帮助就是完善自我的有效途径。

具体做法之一是主动征求领导对自己的意见，从领导对自己的评价中看一看有哪些地方是自己所没有意识到的；二是多与朋友和同事谈谈心，听一听朋友和同事对自己的看法，从中也可获得不少有价值的意见和建议；三是多听听学生和家长们的意见，从受教育者的角度提出的看法有时会有更大的参考价值。一个人如果能够经常向周围的人虚心求教，他的缺点和毛病就会越来越少，其修养水平就会越来越高。

4. 实践，促进自我的不断完善

教育实践活动是培养和形成教师良好人格品质的主要途径和有效手段。教育实践是教师良好人格形成的基础，也是检验其人格塑造有无成效及成效大小的标准。教师人格是在教育实践中不断形成和逐步深化的。

人格是知与行相结合的产物，人格的形成离不开实践活动的长期磨炼，当一种价值观或一种道德观念只停留在观念形态时还不能构成人格，只有当这些观念在实践活动中表现成为系统化的、稳定的态度和行为方式时才能称得上是人格。

教师要塑造自己良好的人格特征，必须充分利用各种教育实践活动来给自己提供锻炼机会。比如敬业爱生、认真负责、克己奉公、精益求精等品格只有在长期的教育教学工作中才能形成和表现出来；热情干练、真诚坦率、谦和朴实、与人为善等品格也只有在长期的交往过程中才能形成和表现出来；坚毅果断、勇敢顽强、刻苦自制、持之以恒等品格只有经历过各种困难与挫折的人才能形成和表现出来。所以，对于一个希望塑造健全人格的教师来说，应该主动争取各种锻炼的机会，丰富自己的经历，在实践中去磨炼自己，这样才能攀上理想人格的顶峰。

第四节　创造性教师的人格特征

创造性教师是指那些知识丰富，具有创新精神和创新人格，并且在教育活动中善于把教育科学、心理学和信息科学所提供的知识加以运用，采用有效的学习指导方法，发现、培养、发展学生创新能力的教师。

创造性教师一般具有以下特征：

（1）具有崇高的爱岗敬业精神和真挚的教育情感；

（2）掌握先进的教育理论与方法；

（3）具有勇于开拓进取的创造才能和灵活机智的应变才能；

（4）具有敢于冒险、勇于创新的精神；

（5）具有创造性获取信息、加工信息和输出信息的能力；

（6）具有开放的人格和丰富的内心世界；

（7）具有远见卓识；

（8）具有民主的组织管理艺术；

（9）善于启发学生的创造活动，鼓励和喜欢学生求异、创新。

创造性教师的人格特征是创造性教师素质的重要方面，它在教师的创新活动中起着动力作用、导向作用与调节作用。研究创造性教师的人格特征，一方面可以为创造性教师的人格成长提供帮助，另一方面也可以为教师培养学生的创新精神和创新能力提供重要的手段。具体来讲，创造性教师在人格方面具有以下特征：

一、强烈的求知欲，广泛的兴趣

前苏联教育家马卡连柯说过："学生可以原谅教师的严厉、刻板甚至吹毛求疵，但是不能原谅他们的不学无术。如果教师不能完善地掌握自己的专业，就不能成为一个好教师。”渊博的知识水平和精湛的专业素质是一个教师人格魅力的最直接体现。

进入知识经济时代，随着科技日新月异的发展，知识更新速度的加快，学生对老师的期望越来越高。教师只有不断学习，对新知识、新信息保持长久的好奇和敏感，并始终拥有一种探索真理、追求真理的精神，才不会落伍于时代的发展，才会在这个信息主宰的时空中挥洒自如。

教师的魅力，就在于对信息的快速捕捉和把握；教师的魅力，也在于对信息的及时整理和传播。教师的魅力，只有深深地植根于自己的学识上，才会赢得学生真正的尊重和向往，才会更长久、更芬芳。

创造性教师对科学知识的热爱，对真理的追求，对缺乏可靠论据的怀疑，对未曾想到的现象表示的惊奇，对尚不理解的问题的探求等都是强烈求知欲的表现。在教育教学中，创造性教师总是不断地探索、实践，并反复总结。

创造性教师的强烈求知欲，还表现在勇于自我否定。创造性教师决不固执己见、故步自封，不让学生批评；相反，他总是在教学上勇于自我否定，善于吐故纳新，排除各种杂念，提倡怀疑和否定精神，鼓励学生与老师争鸣，并闻过则喜，有错则改，从而用正确的新观点和新结论来代替、纠正和发展各种理论与学说。

兴趣是心理倾向性的一个重要方面。浓厚的兴趣是创造的先导。教师的兴趣，尤其是教师的求知兴趣，不仅是促进教师业务能力提高的动力系统，是教师自我完善、自我发展的重要力量源泉，而且也是教师教育学生的重要手段。

教师不仅要具备精深的教育专业知识，而且应对教育以外的科学、人文知识及其他的相关学科知识有广泛的兴趣，尤其对自己所从事的教育工作，对青少年儿童的内心世界充满好奇心，以促进他们去了解、研究、分析青少年儿童的行为，调整自己的教育行为。此外，他们还应具有较深的艺术功底和较高水平的基本技能，能多角度、多层面地引导青少年儿童进行创造性地学习，充分激发青少年儿童的好奇心、求知欲，并在与青少年

儿童共同学习的过程中，充分体验成就感，进而激发起不断探索学习的意愿。

二、成熟的自我意识，强烈的创造动机

自我意识在人格结构中处于核心地位，从心里反映的意识层面支配和调节人的行为。自我意识包括自我概念、自我认识和自我评价。

创造性教师能实事求是地对自己进行分析，并作出客观的评价，能比较客观地了解自己的地位、自己的优势和弱势、自己的优点和缺点，形成主观自我和客观自我相统一的自我形象。

只有对自己有正确的认识和评价，才能正确评价自己所从事的工作，正确处理工作中所遇到的问题，发挥自己的能力。创造性教师具有恰当的自我意识和较强的自我激励精神，较强的自信心、自尊心。自信是促使教师付诸创新活动的驱动力，只有自信才能勇于去创新、去冒险。

此外，自我意识强，就会对工作中的问题有独到的见解，善于用批判的眼光看待问题，爱好独辟蹊径，独立思考，按照活动目标，自主地设计活动方式、组织教学内容，创造性地工作，发现并激励青少年儿童的创新行为。

教育工作的目的是把一个个具有不同特点的学生教育成社会需要的各方面人才，所以教师不能墨守成规，也不允许教师一味地囿于个人经验，而是要求教师敢于借鉴，勇于开拓，打破陈规；依据变化的情况，不断寻求适合教育对象和自己的教育方案、方法和手段，使自己的教育教学活动更加科学、更加完善，并逐渐形成自己独特的教育风格。

创造性教师在教学过程中，总是充满自信，不迷信定式，不屈从于权威，具有自己的意志和自主行动的倾向，善于激发学生的学习热情，让学生做学习的主人。在课堂教学中即使与其他教师使用同样的教材，也能运用启发学生思维的新方式进行教学；由于他们不断地探索未知世界的动力和乐趣，因此可以培养学生对知识的好奇心。对学生的想法总是热情地给以肯定、鼓励和引导，而决不用僵化的思想去束缚学生的思维。即使学生

的意见与自己相左，也不会一棍子打死，而是耐心地与学生一起探讨问题出现的原因。

实践表明，创造动机强的教师抱负水准高，适应能力强，有革新、开拓精神；而依赖性强的教师，则自信心弱，易受传统观念的束缚，创造力、竞争力也差。

三、显著的开放意识，灵活的应变能力

西方有位教育家说得好："最好的教师通常是那些思想开放、有能力并乐于在图书馆和实验室进行创造性工作的人，最好的研究工作者是那些有责任感和影响力，能鼓舞同事、能激励学生并引起注目的人。"

开放表现为对人宽容和关心、爱好多样、多维价值观以及接受新事物、面向世界看问题的态度和不怕失败的精神等人格特征。具有开放意识的教师爱好交流与学习，具有多维的价值观，能够从多角度、多层面地分析问题、研究现象，能够接受不同的意见，倾听来自不同方面的声音，能够分析、整合不同信息，形成全面、生动的评价。

当今社会需要个性的张扬，但任何创新都是特定的各种因素综合作用的结果，因而创新活动也表现为一种合作的过程。创新的程度越高，对合作的依赖程度也就越大，或者说，创新已表现出越来越鲜明的群体性特点，是个性化与群体化的辩证统一。因此，创造性教师在充分展现个性的同时，还必须自觉地打破自我封闭，增强开放意识，学会合作并提高有效合作方式的选择能力，尤其必须学会与人相处、不断提高人际交往的能力。思维上的自我封闭、学术上的孤芳自赏、合作中的唯我独尊以及交往中的各种非理性的行为，都只能束缚创新能量的释放，最终阻碍创新目标的实现。

面对知识经济大潮，面对世界文化范围内知识共享的机遇，教师应该在思想上开放，在视野上开放，以适应教育发展的需要，因为创新意味着在深度上进一步深化、在广度上进一步拓宽。

创造性教师在平时的教学行为中具有灵活机智的应变能力，即良好的

教育机智。所谓“教育机智”是指教师在教育过程中，善于针对学生个性特点和当时情景，能够随机应变地对意想不到的偶发事件进行迅速、巧妙而正确处理的心理能力和决策才能。

教育机智是一种高超的教育艺术，而教育艺术的生命在于创新。它既可以表现为在瞬息万变的“偶发事件”下，善于很快地确定方向，正确地估计正在形成的局面，迅速作出有效的教育决策，从而给予恰到好处的处理；也可以表现在正常的教学行为中，善于捕捉反馈信息，并据此作出巧妙的设计和安排，使教学得心应手。

四、高度的责任感，坚强的意志力

教师的责任感是教师做好工作的主动性和内驱力，是创造的热情和克服困难的意志力的源泉。创造性教师必须有较高的责任意识，并能够自觉地把自己所从事的职业当成自己的事业，不断研究，努力探求教育自身的真正规律。

创造性教师热爱自己所从事的教育事业，面对天真无邪、活泼好动的青少年儿童，表现出极大的热情，细心关注他们在活动中的表现和反应，敏锐地察觉他们的特殊需要，并及时排除发展的障碍。同时，能倾听学生的设想和计划，尊重他们与众不同的疑问和观念；承认学生的创造性，能正确地评价学生的创造力，并能向学生表明，他们的观点是有价值的。

教师意志力是指教师在具体的教育活动情境中，作出决断并使之付诸实践的能力。在漫长的教育生涯中，教师要想在教育事业上有所作为，就必须不断吸取新的信息、知识和技术，不断更新自己的教育观念、教学方法和手段，不断提高自己的业务水平和专业素养等。在这个教育创新的过程中，他们会遇到各种挑战和考验，有时还会遭人反对，甚至面临失败，这就要求教师具有忍受寂寞、忍辱负重、含辛茹苦的超常的意志力，避开外部世界的纷扰，长保内心世界的那份专注和执著。只有具有信心和恒心、具有较强自我调控能力、具有坚定意志品质的人才能按既定的正确目标行动，才有可能实现创新和突破。

第五节　创造性教师的人格塑造

教师的创造性人格对青少年学生心理的发展、人格的形成具有重要的影响。只有培养更多的具有创造性人格特质的教师，才能更好地促进创新教育活动的开展，才能培养出更多的社会所需要的创造性人才。

一、塑造创造性教师良好的个性心理品质

人的心理素质并不是消极地为环境所决定。人们一旦掌握了正确的观念，具备辨别是非、判断善恶的能力，就会有分析、有选择地去接受或抵御外界的影响，或者通过改变环境来能动地发展自己的心理素质。对创造性教师人格的培养和塑造要充分发挥其自身的积极性、主动性，提高其进行教育创新的内在动力。

同时，塑造创造性教师人格还要同开展教育活动相结合。在对教师开展教育活动的过程中，以创造教育理论、创造心理学理论为指导，对他们进行发散思维、辐合思维等形式的思维训练，促使教师养成独立思考的习惯，培养对事物的批判精神，对一些问题要有自己独到的见解。教师在自我教育的过程中，也要从自身出发，注重自我人格形象的塑造，提高知识水平和能力，锻炼意志品质。

二、营造创造性教师人格养成的外部环境

教师所处的人格环境大致可分为宏观的社会环境和微观的学校环境。在社会环境方面，首先，要完善各种制度体系，建立合理有序的外在环境，缓解个体与社会的矛盾冲突，为创造性教师人格的健康发展创造良好

的外部条件。其次，对创造性教师健康人格形象进行科学定位，明确提出健康人格的标准，为教师人格塑造指明方向。

在学校环境方面：

（1）要提高教师的思想认识，让教师认识到自身人格塑造对学生身心的长远和全面发展，对中华民族未来形象的全方位塑造，对国家现代历史进程的重要意义。

（2）努力把创造性教师健康人格标准的内容转化为教师的日常行为，要求教师身体力行，把外在的要求内化为自身的品质。

（3）要充分认可并鼓励教师人格构成上的独特性和个性化倾向，提高人格魅力。

（4）建立科学的创造性教师评价制度，打破“唯学生学业成绩论教师工作业绩”的传统做法，将学生人格是否健全作为评价教师素质的重要指标。

只有在支持创新的氛围中，教师的创新思想、创新行为才能得到充分的理解与支持，教师才能保持良好的创造态势，发展自己的创造性人格。只有在民主、自由、开放的氛围中，教师的主体性和个体性才能够得到充分发挥。

创造性教师的塑造不是一朝一夕就可以实现的，需要通过长期的实践锻炼才能收到较好效果。教师只有在教学过程中不断学习，不断转变教育思想观念，勇于改革，勇于实践，不断提高自身的整体素质，才能成为大有作为的创造性教师。

教师人格研究最终是为了指导教师自身专业发展和为学生发展服务。所以，只有积极地把教师人格研究的成果广泛应用到教育教学和教师自身专业发展的实际中，才能充分体现它的应用价值。因此，应特别提倡教师人格研究成果的普及性和应用性，力求使广大教师了解教师人格研究，有意识地培养自己的职业人格特征，以适合教师角色的需要。

在选拔教师时，应该根据教师人格特征，选拔适合教师职业人格特征的人从事这一职业，以期更好地服务于教育事业。在教师培训方面，无论是师范生的职前教育，还是在职教师的继续教育，都应该在注重知识传授的同时，着重强调教师职业对人格的独特要求和优秀人格品质的培养。如可以对教师进行优秀教师人格品质的定向训练，以促进教师人格的健全和优良人格品质的形成。

第七章　优秀教师的心理健康

随着社会发展和人类对自身认识的深化，人们对健康概念的认识不断丰富和完善。在现代社会，健康不仅指生理健康，还包括心理健康、社会适应，三者的和谐统一构成了健康的基础。对于教师来说，心理健康有着重要的意义，它也是优秀教师不可或缺的一项心理素质。

第一节　教师心理健康的概念

一、健康概念的发展

健康是一个动态发展的综合概念。在古代社会，人们对健康的理解强调的是身体缺陷和疾病，即大部分人会认为“身体无病就是健康”。但是，随着医学水平的提高和人们对精神世界的认识逐渐加深，人类对健康的认识也发生了质的变化。

1948 年世界卫生组织成立时，在宪章中把“健康”定义为：“健康是一种生理、心理和社会适应都日臻完满的状态，而不仅仅是没有疾病和虚弱的状态。”1977 年恩格尔在《科学》杂志上发表了一篇著名的论文，在该论文中他提出了一个基本的假设：健康和疾病是生物、心理、社会因素相互作用的结果，即生物—心理—社会模式。生物—心理—社会模式提出后，立即在医学和健康领域产生了广泛的影响，导致了医学模式的变化，即由单纯生物医学模式转向了当代生物—心理—社会医学模式，使健康领域发生了深刻的变革。

与此相一致，1989 年世界卫生组织又将“健康”的定义修改为：“健康不仅仅是身体没有缺陷和疾病，而是身体上、精神上和社会适应上的完好状态。”这使健康的范围扩展到个体和群体的各个方面。

二、心理健康的含义

心理健康是健康概念不可分割的重要组成部分，其思想可谓源远流长，可以追溯到古希腊时代和我国春秋战国时期。作为科学概念，则到20世纪中叶才得以确立。

1946年第三届国际心理卫生大会指出，心理健康是指："身体、智力、情绪十分调和；适应环境，人际关系中能彼此谦让；有幸福感；在工作和职业中，能充分发挥自己的能力，过有效率的生活。"

许多国内外学者从各自关注的不同角度对心理健康进行了论述，迄今为止，对于什么是心理健康还没有一个统一的、公认的定义。有人从心理潜能的角度来理解心理健康，认为心理健康的人是能够充分发挥自己最大潜能，并能妥善处理和适应人与人、人与环境之间相互关系的个体；有人认为心理健康是一种持续、积极乐观、富有创造性的心理状态，在这种状态下个体适应良好，具有生命活力，在情绪与动机的自我控制等方面达到正常或良好水平。

《简明不列颠百科全书》将"心理健康"解释为："个体心理在本身及环境条件许可范围内所能达到的最佳状态，但不是十全十美的绝对状态。"

我国研究者王书荃认为，心理健康指人的一种较稳定持久的心理机能状态。这是指在个体在与社会环境相互作用时，个体能否使自己的心态保持正常平衡，使情绪、需要、认知保持一种稳定状态，并表现出一个真实自我的、相对稳定的人格特征。她认为如果用简单的一个词来定义心理健康，就是"和谐"。个体不仅自我感觉良好，与社会发展和谐，发挥最佳的心理效能；而且能进行自我保健，自觉减少行为问题和精神疾病。

学者刘华山则认为，心理健康指的是一种持续的心理状态。在这种状态下，个体具有生命的活力、积极的内心体验、良好的社会适应，能有效地发挥个人的身心潜力与积极的社会功能。

综上所述，心理健康是指一种生活适应良好的状态。心理健康包括两层含义：一是无心理疾病，这是心理健康的最基本条件，心理疾病包括所有各种心理及行为异常的情形。二是具有一种积极发展的心理状态，即能够维持自己的心理健康，主动减少问题行为和解除心理困扰。或者说，心理健康既指心理健康状态，也指维持心理健康、预防心理障碍或行为问题；既包括消极情绪情感的减少，也包括积极情绪情感的增多，进而全面提高个体心理素质的过程。

三、教师的心理健康

对于不同职业群体，心理健康标准既有共性，又有特殊性。教师职业的工作性质和特点，决定了教师心理健康标准的内涵，也决定了他们应该是社会大家庭中一个心理健康水平较高的群体。

什么是教师心理健康？教师心理健康有什么表现？用何种标准可以衡量教师的心理是否健康？如前所述，心理健康不仅指没有心理疾病或变态，不仅指个体社会生活适应良好，还指人格的完善和心理潜能的充分发挥。亦即在一定的客观条件下将个人心境发挥成最佳状态。

因此，我们认为教师的心理健康应包含两方面的内容：

（1）提高教师的心理健康水平，即培养教师的优良心理品质，训练他们的自我调节能力；

（2）对教师可能存在的心理障碍和疾病的防御与治疗问题。

我国许多研究者曾经提出一些具体的心理健康标准，对人们如何鉴别心理健康具有重要的参考价值。北京师范大学的林崇德教授认为，心理健康标准的核心是，凡对一切有益于心理健康的事件或活动作出积极反应的人，其心理便是健康的；并把乐群（良好的人际关系）、敬业（积极的工作和学习态度）和自我（良好的自我修养）作为心理健康的重要标志。

我们知道，心理健康的标准不是一成不变的，它会随着时代的进步和社会的变迁而具有不同的含义。同样，从横向角度考虑，对于不同的社会群体，其心理健康的标准也应体现其群体的特殊性，即我们应该对教师群体的心理健康标准作更具体的诠释，使之既包含一般的心理健康标准的共性，同时也体现出教师职业的特殊性。

第二节　教师心理健康对学生的影响

教师健康的心理品质不仅是推动教师积极工作和发挥创造性的动力，同时对学生个性形成和发展的影响也是任何其他教育手段所无法代替的。教师心理健康的状况，会直接影响学生的行为，影响学生的身心发展。心理不健康的教师不但在学习上不能对学生进行很好的指导，而且还会对学生的心理健康产生不良影响。可以说，教师的心理健康是学生身心健康发展的先决条件。

一、影响学生的心理健康

研究表明，心理健康的教师其学生的心理健康水平亦高。心理健康的教师往往会以积极的、科学的方式对待学生，使学生感到轻松、愉快，从而有助于学生形成健康的人格。相反，心理不健康的教师往往具有紧张、焦虑、冷漠、消沉、易怒、暴躁等消极情绪，这会导致他们常常使用简单的、粗暴的方式对待学生，使学生感到委屈、愤恨，并可能最终导致学生的心理失调。

教师的心理健康对学生心理健康的影响，主要在于教师能为学生营造良好的心理成长环境。在学校，教师与学生有长时间的面对面的接触机会，教师的言谈举止和教师的心境、情绪是构成整个教育环境的组成部分。如果教师心理不健康，必然会影响育人环境，从而影响学生心理的健康成长。

二、影响学生的学习效果

有心理健康问题的教师往往伴有情绪方面的障碍，这会对学生的学习产生直接的影响。教师的积极情感，对于保持学生良好的学习心境，促进师生关系的协调，以及形成良好的课堂气氛，都有积极的作用。

研究证明，教师积极的情感直接影响着学生的学习效果。因为教师积极的情绪所创设的生动活泼的课堂心理气氛，使学生大脑皮层处于兴奋状态，容易引起学习兴趣，激发学生更好地接受知识，并在新知识的基础上，进行创造性的学习；良好的情绪可以加速认知活动的进程，而认知过程又能激发良好的情绪效应。所以，教师积极的情感是教学成功的重要条件之一，而消极的情感会影响学生的学习。

心理健康的教师也能够体现在教学的公平性上，如让学生在开放、宽松的学习气氛中学习。学生在学习中攻克了难关，哪怕是取得微小的成绩，心理健康的教师也会满腔热情地给予充分的鼓励，让学生体验到成就感，进一步增强克服和战胜学习、生活上困难的勇气。

三、影响师生之间良好关系的建立

研究表明，良好的师生关系有利于学生的学校适应，可以满足学生参与学习活动安全感的需要，同时也有助于学生发展良好的个性品质和较高的社会适应能力；而不良的师生关系会使学生对学校产生不良的情绪体验，在学校环境中表现出退缩和攻击性行为等心理行为问题。由此可见，教师的心理是否健康不只表现在教学工作中，而且会影响教师与学生的日常交往。

和谐的师生关系需要师生间的互动来维系，比如心理健康的教师往往能够热爱学生，尊重、理解学生，能够因材施教，与学生建立民主、平等的师生关系，而在这样环境里的学生，则尊重教师，愿与教师沟通，从而使悲观的学生变得快乐，受挫折的学生建立信心，懒散的学生变得勤奋，内向的学生变得活泼，固执的学生变得灵活。

而有心理行为问题的教师往往缺乏爱心，无法恪守良好的职业道德，不能正确理解学生的心理、行为，往往会采取不合常理的态度、方法来对待学生出现的问题，他们要么对学生施暴，要么对学生放任自流，这样师生间积极和谐的关系就不可能建立起来。

四、影响学生的个性发展

1997 年，哈利和达雷尔在美国教育心理学年会上作了关于“教师人格与班级环境”的报告，报告指出，教师的人格特征通过影响班级的心理环境和社会氛围，进而影响学生的心理行为发展和成绩结果。

通常情况下，心理不健康的教师由于自身心理行为问题的困扰，考虑不到学生身心发展的特点和规律，他们往往不顾儿童青少年的天性以及每个学生的个性特点，往往对学生采取冷漠、忽视或者粗暴、训斥的教育方式。

从学生方面来说，由于心理不够成熟或者说比较脆弱，经常受到冷漠、忽视对待的学生，很容易染上不良行为习惯，甚至可能由于交友不慎而走上犯罪道路。经常受教师训斥的学生会认为自己无能无用，形成畏缩、冷漠、胆怯、怕事的心理，产生厌学情绪，并使他们在未来的生活和工作中缺乏主见，不肯与人交往，孤僻，导致创造能力低下。而对于那些个性较强的学生，则易使他们产生反抗行为，甚至形成反社会的不良人格。

第三节　教师要做好心理调适

教师的心理问题不仅仅是个人问题，它还关系到班级里的学生，因此教师必须重视对自己进行心理调适。每位教师每天都可能遇到一些不愉快的事情，这些负性事件将直接或间接影响教师的心理健康。教师只有时时处处进行心理健康的自我调适，才能让自己始终保持一种轻松、愉快、平和的精神状态，才能让自己在压力状态下保持愉悦的心境，做好教育教学的各项工作。

教师进行心理健康的自我调适，实质上是从个人角度出发进行心理保健，具体而言，主要是要做到以下几点：

一、正确认识自己

人贵有自知之明。自知就是能够正确认识自己的优点和缺点，而且能够承认、接受自身的这些特点。正确地认识自己，还要给自己确定适当的职业目标，建立适度的期望。

期望是一种自我设定的目标，经过努力而达到了目标，主观上便获得一种成功的体验，自信心增强；反之，未达到预期目标，即受到挫折，有可能产生沮丧心情，多次受到挫折，自信心也会受到挫折。

比如，教育好有行为偏差的学生是一项艰巨的长期的工作，指望通过一两次谈话就能使其彻底转变，可能性不大。如果急于求成，反而事倍功半，时间长了，对能否教育好学生便产生了怀疑，失去了信心。同样，教师对于自己的成长也应有一个目标，但必须适度。期望过低，没有动力；

期望过高而实现不了，信心必然受挫。

二、真诚接纳他人

心理学家早就指出，人类的心理适应就是对人际关系的适应，具有良好人际关系的人心理健康水平就高，对挫折的承受力和社会适应能力就强，在社会生活中也就更容易成功。教师的人际关系网络相对少些，但是教师也不是孤立地生活，他们在学校中要与不同类型的学生、学生家长打交道，也要和领导、同事、家人交往。因此，教师要学会与人交际，善于与人交际，将自己和谐地融入到各种人际关系中，保证健康的心理，更好地教书育人。

首先，教师要善于接纳他人，即遇事不仅要为自己考虑，也要为他人着想，多想想别人的长处，多想想别人的困难，只要自己以诚待人，别人也一定会以诚相待。在工作和生活中多结交伙伴，一起分享成就，分担忧虑，集思广益，携手克服人生的困难。

其次，建立良好的师生关系对教师心理健康有重要作用。教师希望学生怎样对待自己，教师本身就应该怎样对待学生。在和学生交往过程中，教师要尽量避免使用易造成师生沟通障碍的错误语言。如命令、威胁、训诫、强加于人的观念、过度的忠告等，这些做法容易引起学生的反感，学生即便是口头上表示顺从，也不容易产生积极的行为；有的教师还会不同程度上地贬损学生，这会严重伤害学生的自尊心，随之学生可能出现攻击的心态。这时，师生之间可能出现更大的冲突，反过来，又会影响教师的心理健康。

另外，教师在和学生家长沟通交流时，也要采取接纳赞许的态度。要注意到每个学生家长的背景、经历不同，不可能都有正确的教育方法和经验。因此，教师要以真诚的态度和学生家长进行沟通、交流，及时向学生家长提供一些好的教育方法和途径。

三、以积极心态对待自我和周围世界

任何事物都有两面性，如果从一个角度看，可能引起消极的情绪体验，陷入心理困境；从另一个角度看，就会发现积极意义，从而使消极情绪转化为积极情绪。所以，教师在看待自我和周围的世界时，要运用积极的认知，学会换位思考。

如果教师能以积极的心态去对待周围的一切，看到有利的积极的一面，就有助于使人看到希望，充满信心，保持进取的精神；否则，将使教师沮丧、失望，对生活和人生充满抱怨，自我封闭，限制和扼杀自己的潜能，最终导致痛苦和失败。

教师要善于在学生的点滴进步中体会快乐，从每一节好课中体验成功，心平气和，与人为善，积极进取。乐观地看待每一件事，努力去做好每一件事。

教师也可以采用心理治疗中的认知疗法的一些技术，如合理情绪疗法等来改变自己的认知，从而使自己更加积极地看待自己和周围的世界。此外，在调整认知的过程中，教师要学会反思，不断地反省自己的所作所为，不断提升自己。

四、有效调节情绪

有效调节不良情绪是教师进行自我调节的一个主要方法。生活中谁都可能遇到不顺心的事情，都有可能产生烦闷恼怒、悲怨焦虑、惊惶恐惧等消极的情绪。但一个心理健康的人能用理智驾驭情绪，做情绪的主人。因此，教师应学会自我心理维护和调节，学会调适自己的不良情绪，从而达到身心与工作的和谐。

当情绪处于消极状态时，适当用转移的方法，去做一些自己喜欢做的事，例如，适当从事家务劳动、散步、运动、旅游、听音乐、欣赏艺术作品等，使注意力转移到其他方面去，以此把情绪调整到平稳积极的状态。

采用宣泄的方法。如找一个知心朋友进行倾诉，或者到一个没有人的地点大声喊叫，或者大哭一场等。

在遇到想要发怒的情境时，先在口腔里绕舌头十圈，并考虑：发怒有无道理？发怒后有何结果？我要发怒，有其他方式可以替代吗？

多笑也是有效调节情绪的方法之一。有心理学家认为，人不是因为高兴才笑，而是因为笑才高兴；不是因为悲伤才哭，而是因为哭才悲伤。这种看法不一定正确，但是笑对人的身心健康确实很有好处。笑还可以使吸氧量增加、按摩心脏、松弛肌肉、降低基础代谢等。

幽默是不良情绪的消除剂。有些教师很严肃，在课堂上当学生有不尊重老师的行为时，就十分气愤，开始发火。实际上，如果和学生正面发生冲突，往往会使教师本人的尊严受到威胁。有很多场合，教师完全可以采用幽默的方式化解矛盾。这样做不仅不失自己的尊严，又解决了问题。

采用放松训练的方法。放松训练主要是通过肌肉、骨骼关节和呼吸的放松以及神经放松等基本动作来降低机体能量的消耗，从而达到控制情绪强度的目的。

五、合理安排时间，劳逸结合

心理失衡的成因是多方面的，有时人在疲劳的时候心理会有一种莫名的烦恼。教育教学工作十分繁忙，教师容易产生疲劳心理和不良情绪，因此，教师要有计划地安排时间，生活作息安排一定要合理，劳逸结合，有张有弛，养成有规律的生活习惯。例如，饮食要均衡，休息要充分，要有适度的运动，要调节好娱乐活动，以舒缓、松弛自己的身心等。

六、正视问题，寻求帮助

教师可以通过自我调适来保持自己的心理健康，教师的心理行为问题可以在他人的帮助下解决，如通过自己的倾诉与他人善意的劝告等，与他人坦诚交谈。但是，如果是较严重的心理疾病，教师就要正确认识心理问题和心理疾病，必要时要请心理医生帮助治疗。

此外，保持健康的生活方式，如增强运动、不吸烟、适度应酬、健康休闲和健康上网等，对教师的心理保健与调适也至关重要。

第四节　实现教师心理和谐

教师的心理保健与调适，其终极目标是要实现教师的心理和谐。心理和谐是指人的基本心理过程和内容彼此之间，或者各部分与整体之间保持动态的均衡、完整、协调一致的自在轻松状态，即认知、情绪情感、意志和行为以及人格的完整及协调，同时能够与外界环境进行有效沟通，减少内部或外部冲突。

一、心理和谐的含义

理解心理和谐的含义，可以从两个角度来考虑：

（1）人的基本心理过程和内容之间彼此协调。包括：①认知和情绪情感的协调一致。例如，对于任何教育对象，在情绪情感上都会产生积极感受，触景生情且能情随意动。②认知和意志的协调一致。对于自己认为正确的事情，即使困难重重仍然能够坚忍不拔，始终不渝。例如，不放弃对学困生或后进生的教育培养便是认知和意志协调一致的结果。③认知和行为的协调一致。知行统一，言行一致，认知和行为较少冲突，即使有冲突也可以成功解决；同时，敢于表达自己的观点，不随波逐流，能够自主行事。教师体罚学生或把学生作为消极情绪的发泄对象则是上述情形的反例。

（2）人的基本心理过程和内容与整体相互协调统一，并表现出相对的稳定性。心理和谐作为一个心理关系系统与内外界环境沟通时，能够使人的基本心理过程和内容各部分协调工作，步调一致并受整体的统摄，从而达到与内外部环境的有效沟通。

实际上，这是人对环境的适应过程，它包括两个方面：①内部各心理过程和内容是一个相互协调的工作系统，表现出较少内部冲突的、相对稳定的个性心理特征。②在保持内部和谐的同时，能够作为一个整体被外部环境所理解和认识，在人与环境的相互作用过程中，完成由一个独居的“自然人”到群居的“社会人”的转变。

二、心理和谐中的关系系统

心理和谐作为人的一个心理关系系统，自然有其特殊的内在结构，并在社会现实生活中不断发展和完善。这种动态的结构使相似的心理活动在不同的社会生活网中得到实现，具体表现为我与自己、我与他人、我与自然、我与社会等人际关系系统的形成和发展中。

1. 我与自己的关系

一个心理和谐的人能了解自我、信任自我、接纳自我、监控自我、调节自我、发展自我、满足自我、设计自我和完善自我，达到自我和谐的目标，其核心是自我认同，对自己的认识不为财富、外貌、出身、权力等外部条件的变化而变化，其自尊、自信、自强、自立的力量主要源于其内心的和谐，以及自我修养的准则。教师的心理和谐以自我和谐为基础。

2. 我与他人的关系

我与他人的关系包括朋友、同伴、同事、同志、亲子、师生、长幼、上下级和敌我等之间的关系，人际关系便是在这种人际交往过程中实现的。一个心理和谐的人与他人交往时，尊重他人作为一个独特个体的存在，尊重他人的成长经历和情绪感受，善于设身处地站在对方的角度认识和理解他人。在与他人建立良好人际关系的同时，满足自己的归属感和安全感需要。教师的人际和谐是其心理和谐的核心。

3. 我与自然的关系

我与自然的关系涉及人类对自然的认知以及自然对人类心理发展的影响，这是一个交互作用的过程。人与自然沟通时，必须首先学会认识自然环境本身的特点和规律，从尊重自然角度，与自然发生物质、能量和情感交换。一个心理和谐的教师理解人与自然和谐发展的重要性，接受人与自然的现实关系，并欣赏大自然的美丽，对造化怀有敬畏之心，表现在行动上就是不做违背、损害自然发展规律的事情，而是顺应自然，因势利导，达到与自然的和谐相处、和睦共存和协调发展。

4. 我与社会的关系

我与社会的关系包括个人对集体、社团、阶级、政党、民族、国家和世界等之间的关系。一个心理和谐的人能正确面对自己与各种群体或团体、民族或国家之间的关系，把自己视为社会的一分子，有责任感、使命感和义务感。因此，相对于社会的旁观者，其更乐于积极参与社会公共生活，坦然接受自己在社会中所处的位置和承担的角色，在这个过程中，学会基本技能，掌握社会规范，确立生活目标，形成社会技能，发展社会关系，实现适应社会的发展目标。教师的专业成长是其心理和谐的必然产物。

三、教师心理和谐的标准

人的心理和谐是相对的，没有人拥有绝对和谐的心理状态，因此，从动态的角度看，教师心理和谐的标准也可部分理解为教师心理健康的标准，即心理和谐是一种适应良好的状态。正因为心理和谐是相对的，与其说是性质上的差异，倒不如说是程度上的差异。

另一方面，教师心理和谐也不仅是有没有心理与行为问题，它与教师的学习、生活和工作中的心理状态密切相关。一般地，教师心理和谐的标准包括认知协调、情绪稳定、人际和谐、知行一致、人格健全等多方面的内容。

1. 认知协调

心理学家认为，人们为了自己内心平静与和谐，常于认识中去寻求一致性，但是不协调作为认知关系中的一种，必然会导致心理上的不和谐，而心理上的不和谐又推动人们去重新建构自己的认识，排除不和谐的信息，从而达到认知的协调。心理和谐的教师通常具有促进认知协调的倾向。

2. 情绪稳定

一般而言，情绪稳定的教师通常能够体验较多的积极情绪，拥有平和愉悦的心理状态，对周围的人、事、物和环境较满意，能够冷静地判断事物和处理事件等，即使遭遇消极情绪，也能够较快地恢复到正常情绪水平，具有较强的情绪调控能力。相反，情绪不稳定、喜怒无常的教师则容易陷入心理失衡的状态。

3. 人际和谐

和谐社会的最终落脚点是人与人之间的和谐，因此，一个心理和谐的教师也必然拥有良好、和谐的人际关系。如果人际关系不和谐，由于一些小事与人争吵，人际冲突不断，或怨恨或嫉妒，感受不到师生之间、同事之间的信任、团结、友爱与支持，教师的心理和谐则无从谈起。

4. 知行一致

一个人只有在行为和认识较一致时，才可能使内心处于一种协调和平衡的状态，否则，认识到错误的行为仍然一意孤行，或者认识到应该做的事情却不作为，极易导致悔恨或受到良心的谴责，无益于自己的心理健康。只有知行统一、言行一致的教师，才有可能实现或保持心理和谐。

5. 人格健全

这里包括两层含义，一是指人格内部的协调统一，指教师要有自己较稳定的价值观、人生观和世界观，其情感和行为受这些观念的支配。二是与外界环境的协调，指教师在保留其人格独特性和自主性的同时，能够被他人理解与接纳，为满足自己的内在需要创造更大的空间。从学校生活中我们经常发现，人格不健全者或者缺陷者，如暴躁、偏激、自闭、孤僻等，极易导致出现心理与行为问题，更别谈心理和谐了。

教师心理和谐的标准还可以罗列多条。在衡量一个教师是否心理和谐时，要把各方面的情况综合起来判断，选择正确的坐标系，学会辩证地看问题，这也是教师在学习和社会生活中维护和保持其心理和谐最为关键的。

第五节　共同促进教师心理健康

在教师心理保健与调适的基础上，需要不断地提高与促进教师的心理健康水平，这是历史的责任也是时代的要求。但必须看到，教师心理健康的提高与促进仅依靠单一方面的努力是远远不够的，教师自身、学校和政府、社会和环境以及社会支持系统都有义不容辞的责任，因为这是一项“系统工程”。

一、环境层面的提高与促进

我们知道，教师压力以及教师心理健康问题是一个复杂的现象，是教师个体与环境交互作用的结果。当环境中的资源和要求，与个体的需求和目标不匹配、达不到平衡时，个体就会产生压力感。这时，个体会调用各种内部资源、外部资源应对这种压力感，如果应对失败，这种压力感会加深，各种消极的心理、生理以及行为问题会相继出现。

因此，要提高和促进教师的心理健康水平，要从优化环境和提高个体应对压力的能力这两方面人手。所谓优化环境，就是创设更为健康的工作环境，这里的工作环境不仅仅指课堂和学校，还包括诸多宏观层面的因素，比如教育政策、社会历史因素等。

一个健康的、理想的工作环境对个体提出的要求是适度的，这种要求不仅不会引发各种消极的身心问题，反而会刺激个体通过学习新知识、更新教育观念、提高自身的职业能力来完善自己，以达到新的平衡。

而提高教师应对压力的能力则从完善教师自身的素质入手，比如通过坚定教育信念、提高教学监控能力、学会教学反思、认知重建、时间管理技巧以及放松技术等方法，使教师学会如何积极地应对压力，从而提高自身的心理健康水平。

需要特别指出的是，“防重于治”。对于个体而言，不断生病—治病—生病—治病的人生是被动而无奈的，最好是保持长久的健康，使疾病无机可乘。同样，对于教育事业而言，保持整个教育系统的健康和有效性，杜绝各类问题的产生是理想的状态。要接近这种理想，社会、教育行政人员以及教师个体都应该采取一种主动的、合作的姿态来完善整个教育系统，尽量避免等到问题出现的时候才开始查漏补缺的现象，社会和教育系统中的每一个成员都应该以一种预防的、发展的态度看待自身以及整个系统，在日常生活和工作中以一点一滴的行动来维护和提高环境的质量，以及促进自身素质的不断发展。

二、社会层面的提高与促进

从社会层面入手提高和促进教师心理健康，主要是通过制定各种政策，来提高教师的社会地位、促进教师群体职业化的进程，同时通过媒体提升教师在公众心目中的形象，引导公众的态度，使之改变对教师不切实际的期望，正确地看待教师的教学工作及其对社会的意义，对教师和学校真实的贡献予以承认，形成尊师重教的社会风气。

从政策制定方面看，政府除了采取一些基础性的举措，如加大执法力度，维护教师的合法权益，增加教育投入，改善教师的工资收入、住房、医疗等物质待遇之外，还要注意以下三个问题：

1. 促进教师群体的职业化

教师入职以后，会随时在实际的教学工作中遇到不曾预料的问题，这些问题若不妥善解决，不仅直接影响教学效果，还会成为教师的压力源，

给教师的心理健康问题埋下隐患。

因此，政府以及各级教育行政部门应该制定一套完整的程序，定期测评教师的工作效果、工作满意度、身心健康状况和士气等，并随时对教师进行培训，调整教师的状态，提高教师的教学能力、反思能力和压力应对能力。在深化教育改革全面推进素质教育的过程中，这样的培训尤其重要。

现在教育改革逐渐深入，这就对教师的心理素质提出了挑战，还会引起社会对教师能力的质疑，考验着教师的自信、效能感和自尊，在这样一些特别时期，适当的培训可以帮助教师调整心态、更新观念、获取新知识和新方法，提高问题解决能力，防止职业倦怠等问题的出现。

2. 在政策和学校自主权之间形成一种平衡

国家或地方教育政策制定后，其框架中也包含学校应该怎么操作的问题。这时，政策制定机构还应该赋予学校足够的自主权，去解释、深化、调整政策中的具体规定，以适合学校自身的特点，以及学校所在社区、所在地域的特点。

一般来说，提供学校和教职人员教学目标和教学质量标准的下限，给学校和教职人员更多的组织自主权，以及职业能力的承认，理论上会提高教师的工作积极性，从而提高教学质量，降低产生心理行为问题的风险。

然而，提高自主权并不一定会产生积极的效果，有时候反而会导致模糊和困惑。学校和教师在获得更多自主权的同时还需获得必要的支持和资源，才会产生积极的变化。

3. 为学校和教师提供充足的、易于获取的资源

当外界赋予人们过高的期望，而人们又无从获取必要的知识、方法和工具时，压力自然就产生了。对于教师而言，这种要求高、资源少的情况是常见的压力源。因此，有必要通过制定政策和增加投入，来丰富教育资源以及获取资源的途径，或者在地区与地区之间、学校与学校之间进行资源的合理再分配。

此外，还有一个资源的更新速度问题。教育教学上各类新问题层出不穷，这就要求资源的经常更新。实际上，资源的更新速度一般满足不了教育教学的需要。其中一种改善的办法是给学校更多的自主权去支配政府提供的预算，使学校能够根据具体情况灵活地支配预算，使之能为教师争取资源，比如为学校聘请专家，根据学校面临的具体教学问题为教师提供量身定做的职业培训，等等。

三、学校层面的提高与促进

教师心理问题的成因很复杂，但问题的直接原因往往是学校情境和教学活动。因此，社会层面的改革和支持只是为促进教师心理健康提供了必要的前提，要切实而有效地帮助教师提高心理健康水平，还必须从学校层面入手，建立一个民主、平等、互相尊重的学校心理环境。

1. 学校要形成良好的组织文化

学校的组织文化是指学校中每个成员所共有的深层次的基本态度和信念，这种态度和信念以一种无意识的方式起作用，并以一种根本上“想当然”的方式决定了学校这一组织对自己和环境的看法。

学校的组织文化包括一整套的价值、规范、目标，它给学校成员带来认同感，实际上，这便是富有特色的学校精神。在学校的集体讨论或决策行动中，这种组织文化或学校精神会成为一个主要的参照点。

学校形成良好的组织文化和学校精神相当于给教师提供了一个富有凝聚力的社会支持系统，使教师从中感受到归属感、价值感和安全感，同时，这种几乎被所有成员所认同的价值、目标、规范也会减少教师的角色冲突感，这些都有利于教师的身心健康。

但是，组织文化也有不利的一面，它可能会在集体讨论中导致群体极化或群体思维现象。群体极化指一群观念和态度相似的个体在讨论时，其共享的观念和态度得到强化的现象。这种现象会导致组织中的成员形成偏见，视角变得狭隘，而组织中未融入组织文化的成员则会有一种被排斥的感觉。群体思维指一群凝聚力较强的人在进行集体决策时，一种意见占据了主导地位，使其他合理的意见受到排斥的现象。这种群体思维现象很容易导致错误的决策。

因此，在形成和发展组织文化的时候要注意组织文化的开放性和灵活性。同时，为了减少角色模糊和角色冲突，学校必须通过协商的方式来建立核心的价值和目标，参加协商的人包括学校领导、学校管理者、教师、学生、学生家长以及地方行政人员。这种公开的协商可以减少学校内部以及学校与外界的分歧，明确学校和教师的责任以及对他们的期望。

2. 在学校内部形成发展性评价，倡导行动研究

前面提到要在学校内形成良好的组织文化，那么良好的组织文化是怎样的呢？目前，学术界和基础教育领域大量的合作研究证明，“研究取向”的学校文化有利于教师素质的提高。“研究取向”的学校文化有什么特征呢？

首先，“研究取向”意味着学校要形成一套程序，使教师能对自己的教学过程进行发展性评价，而不是只关心最终结果的评价。这种针对过程的不间断的评价，还必须结合对教学过程的系统的反思，以求得对教学实践更深入的理解，并在加深理解的基础上最终提高整个教学实践水平。

“研究取向”的另一个重要特点是倡导各种形式的行动研究。教师的行动研究是用科学的方法研究自己所面临的具体教学问题，其目的在于此时此地的应用，而不是理论的建立和发展，也就是通过科学的研究加深对教学实践的理解，进而使教学实践得到改善。行动研究具有很高的灵活性，它可以由单个教师来实施，也可以在一组教师群体或者全体教师队伍中开展。发展性评价、反思以及行动研究是新任教师成长为专家型教师的有效途径。

3. 加强参与式管理

教师是一种高要求和低控制的职业，自主权很受限制。而参与式管理为教师提供更多参与决策的机会，尤其是关系到教师个人工作生活的决策。这种参与增强了教师对工作的控制感、使命感与认同感，减少了工作中的冲突、失控压力以及焦虑等问题，提高了教师的工作积极性和主动性。

同时，参与式管理也是减轻学校管理层工作负担以及决策压力的好方法。首先，通过参与教师对决策过程有了更为清晰的认识，这样可避免决策过程中管理层与教师的矛盾和冲突；其次，教师广泛参与，从教学实践出发提出各种有价值的意见，可提高决策质量；最后，参与式管理使每个教师都承担起自己的责任，减轻了管理层的压力，总之，参与式管理能为整个学校系统创造一种民主化的氛围，减轻工作环境与个人需求的不匹配和不平衡，有利于个人目标和学校目标的实现。

4. 在教师中间建立一种教学取向的结构化的团队关系

单个教师所拥有的资源是有限的，教师与教师之间需要交流与合作。当然，学校一般都会有全体教师或部分教师参加的例会活动，但通常这些会议或讨论效率低下、形式陈旧、缺乏活力。学校应该帮助教师建立的是一种有的放矢的互动的团队关系。

在这样的团队关系中，教师可以讨论如何制订教学计划，如何与学生家长和公众交流，如何组织全校范围的职中培训，等等。一般来说，这些团队对于教师而言是有指导功能的，能帮助教师有效地抓住日常工作中实际的问题并予以解决。

四、个人层面的提高与促进

以个人层面为切入点，除提高教师的自我修养外，促进教师心理健康的主要措施是提高教师的压力应对能力。综合国内外研究，较为常用的提高教师压力应对能力的方法有放松训练、时间管理技巧、认知重建策略和反思等。

1. 放松训练是降低教师心理压力最常用的方法，它既指一种心理治疗技术，也包括通过各种身体的锻炼、户外活动、培养业余爱好等来舒缓紧张的神经，使身心得到调节。

2. 时间管理技巧可使生活、工作更有效率，避免过度负荷，具体包括对时间进行组织和预算、将目标按优先次序进行区分、限定目标、建立一个现实可行的时间表、每天留出一定的时间给自己等。

3. 认知重建策略包括对压力源的认识和态度作出心理调整，如学会避免某些自挫性的认知（如“我必须公平地爱每个学生并且使每个学生都成功”），经常进行自我表扬（如“至少部分学生学到了很多东西”）；学会制订现实可行的、具有灵活性的课堂目标并为取得的部分成功表扬自己。

4. 反思也是一个促进教师心理健康的有效方法。它指通过对教学经验的反思来提高教学能力，调整自己的情绪和教学行为，从而促进教师心理健康的过程。反思不仅仅指简单的反省，还指一种思考教育问题的方式，要求教师作出理性选择，并对这些选择承担责任的能力。美国学者波斯纳曾提出教师成长的公式——“成长 = 经验 + 反思”。如果一个教师仅满足于获得经验而不对经验进行深入的反思，那么，他将永远停留在“新手”的水平。反思的倾向是心理健康水平较高的专家型教师的核心。具体来说，反思训练包括每天记录自己在教学工作中获得的经验、心得，并与指导教师共同分析；与专家型教师相互观摩彼此的课，随后与对方交换看法；对课堂上遇到的问题进行调查研究等。

5. 教师的信念和职业理想是教师在压力下维持心理健康的重要保证。凯尔尼斯和克兰兹曾比喻，对某一事业的信念和理想是职业倦怠的最好解毒剂。因此，坚定正确的教育观念和积极的教师信念，有助于培养教师对学生无私的、理智的爱与宽容精神，对提高教师心理健康水平也是至关重要的。